Ana Fullana

AVENTURAS EN UNA POMPA DE JABÓN

Illustraciones de Grethel Peralta

Aviso a Bibliotecarios: La catalogación bibliográfica de este libro se encuentra en la base de datos de la Biblioteca y Archivos del Canadá. Estos datos se pueden obtener a través de la siguiente página web: www.collectionscanada.ca/amicus/index-e.html
ISBN 1-4251-0776-1

Oficinas en Estados Unidos, Canadá, Reino Unido e Irlanda

Venta de libros en América del Norte y al extranjero:
Editorial Trafford, 6E-2333 Government St.
Victoria, BC V8T 4P4 CANADÁ
Teléfono: 250 383 6864 (llamadas sin cargo: 1 888 232 4444)
Fax: 250 383 6804; email: pedidos@trafford.com
Venta de libros en Europa
Trafford Publishing (UK) Limited, 9 Park Street, 2nd Floor
Oxford, UK OX1 1HH UNITED KINGDOM
Teléfono: +44 (0)1865 722 113 (tarifa local 0845 230 9601)
facsimile +44 (0)1865 722 868; pedidos.ru@trafford.com
Pedidos por Internet:
Trafford.com/06-2534

10 9 8 7 6 5 4 3

Índice

Capítulo 1

BONTEFRÓ

Hacía unos minutos que había sonado el despertador, y Xana Nous aún estaba tratando de reunir fuerzas suficientes para levantarse. ¡Cómo echaba de menos aquellos despertares en su pequeño poblado, cuando su madre le anunciaba con una alegre canción el comienzo del día y ella le contaba sus sueños! Ahora el anuncio provenía del odioso timbre, agudo y repetitivo, de ese pequeño aparato metálico, que amenazaba con no callarse mientras no pusiera los pies en el suelo.

¡Poner los pies en el suelo! Eso era lo que le decía su madre: "Las fantasías y todas esas tonterías están bien para las niñas pequeñas, pero tú, Xana, ya tienes doce años y no puedes seguir creyendo en ellas. Eres una chica lista y debes poner los pies en el suelo".

A pesar de estos consejos, desde su llegada al nuevo colegio, Xana conversaba con Mael al empezar y al terminar cada día. Ella ignoraba quién era Mael a ciencia cierta, simplemente una noche él apareció junto a ella. Sabía que no era tangible, que no era una persona, pero lo sentía real. Xana comentaba con él sus problemas, no hacía falta contarle nada, Mael conocía todo lo que le sucedía. Parecía inmensamente sabio y amigo a la vez.

El agua era escasa en Bontefró, la plataforma donde se encontraba su colegio. Así que una de las pocas cosas buenas de su nueva vida era no tener que ducharse todos los días. Bastaba con pasar por la "sala de higiene" que había junto al dormitorio. Realmente ese cuartucho no merecía el nombre de "sala". Se parecía más bien a un ascensor: poco más de un metro cuadrado, ninguna ventana, una estrecha puerta de entrada, una débil luz a través de las paredes grises y, en la parte superior, un gran número de pequeños agujeros por los que iban saliendo, en forma de gas de diferentes colores, los productos que conseguirían que Xana terminara desinfectada, limpia y con buen olor, sin que una sola gota de agua hubiera tocado su cuerpo.

Se vistió con el uniforme: camiseta y pantalones ajustados al cuerpo, y encima una larga túnica, todo de color amarillo ocre. Se ajustó una banda de tejido plateado a modo de cinturón y, por último, se sujetó en una coleta su melena morena y lisa.

Las habitaciones en el colegio de Bontefró eran individuales. Con ello se evitaban las peleas nocturnas y los problemas de compartir la sala de higiene. "Alguna pequeña ventaja tiene el estar sola", se decía Xana a si misma, aunque hubiera preferido tener algún amigo cerca para poder bromear en estas primeras horas del día.

Al salir de su cuarto se unió al gran número de chicos que iban hacia la sala circular, que era la sala de las comidas y de las reuniones. Los colores, las voces y las risas se mezclaban en el amplio pasillo, que recibía la luz directamente del cosmos a través de su techo transparente. Todos vestían sus uniformes de diferentes colores según el curso al que pertenecían: amarillo ocre para los de primero, anaranjado para los de segundo, verde, azul, marrón y negro para los siguientes.

"¿Ya estás preparada para lo de hoy?", oyó decir a su espalda, mientras una mano le cogía del hombro. Era Jao Sinozos, a quien había conocido hacía sólo unas semanas al inicio del curso, y sin embargo tenía la impresión de que eran amigos de toda la vida. Jao tenía una sonrisa radiante y una mirada luminosa, que hacían sentirse a gusto a todo el que estaba a su lado.

-No lo sé- respondió Xana-. He dado mil vueltas esta noche en la cama, tratando de imaginarme cómo puede ser la prueba. Pero claro, no tengo ni idea y no sé si la podré superar. Hay gente muy preparada en nuestra clase, y nosotros no dejamos de ser "de los poblados". De todas formas, tengo ya ganas de saber cuál será, ¿y tú?.

-Yo también tengo ganas. Estas semanas no han estado mal, pero a mí ya me aburría tanta teoría. Será genial poner en práctica lo que hemos aprendido. Un poco de miedo también me da, no creas. Mis padres se han esforzado mucho para mandarme aquí, y si les fallo no me lo perdonaría. Es lo único que me asusta. Pero nos ayudaremos entre nosotros, ¿no?

-Pues claro que sí. A mí también me hace falta tu ayuda, no pienses que sé tanto. El que me preocupa es ese compañero nuestro, Legui. Creo que desprecia tanto a los que venimos de los poblados, que sería capaz de hacer cualquier cosa para que no superemos la prueba.

Por los altavoces se oía llamar a la sala circular: "Tres minutos para empezar el desayuno. Tres minutos para empezar el desayuno".

Los profesores ocupaban una mesa redonda en el centro de la sala, y a su alrededor se sentaban los alumnos en seis líneas de mesas formando circunferencias concéntricas: los de los cursos más avanzados más próximos al centro, y los de los primeros cursos en la parte más exterior. De esta forma, por el lugar que ocupaba un alumno y el color de su túnica podía conocerse cuanto tiempo llevaba en el colegio de Bontefró. El tamaño más reducido de los círculos centrales indicaba que no todos los alumnos conseguían superar las pruebas y llegar hasta el final para recibir su graduación, que los colocaría a las puertas de un puesto de responsabilidad y alta consideración en la sociedad del Sector Galáctico Gía Panta.

Cuatro pasillos entre los bancos, formando una especie de cruz, permitían el paso de los alumnos hasta el asiento que debían ocupar. Una gran bóveda transparente formaba el techo de la sala, de manera que desde su interior se tenía una magnífica visión del cosmos.

Xana y Jao se sentaron en el banco del último círculo, junto con sus compañeros. Justo cuando los altavoces anunciaban el inicio del desayuno, y se cerraban las puertas de la sala, entró la alocada Sila Asmena. Era delgada y alta, llevaba su pelo rubio y rizado sujeto en una coleta, y siempre tenía una sonrisa dibujada en la cara. Sila procedía del mismo poblado que Xana, y ninguna de las dos hubiera podido decir desde cuando se conocían, simplemente desde cuando podían recordar.

-Vaya, por poco no llego. Esta mañana me he armado un lío con el uniforme- dijo en voz baja mientras se sentaba. Xana le indicó con un gesto que debía callar, de lo contrario tendrían problemas.

Las normas en Bontefró eran estrictas. Durante el desayuno todos debían guardar silencio. Cada día un curso era el encargado de leer un pasaje literario, sobre el que luego todos en silencio debían pensar mientras comían. Era el turno de Tercero. Un alumno de ese curso subió a una pequeña tarima, y comenzó a decir:

-Hoy vamos a leer un pasaje del libro "Alicia en el País de las Maravillas" de Lewis Carroll:

"Alicia, extraviada, pregunta al Gato de Cheshire qué camino debe tomar: Depende adónde quieras llegar, contestó el Gato. No importa demasiado, explicó Alicia. En ese caso, da igual hacia dónde vayas, interrumpió el Gato; ... siempre que llegue a alguna parte, terminó Alicia; ¡Oh! Siempre llegarás a alguna parte, dijo el Gato, si caminas lo bastante."

Capítulo 2

LA PRUEBA

Media hora más tarde, en el aula de Primero C, todos los alumnos tenían los ojos clavados en los tres profesores que estaban de pie delante de ellos. En el centro estaba el director del colegio, el señor Derpes Dicayo. Era alto, robusto, tenía el pelo largo y cano, la frente surcada de arrugas y la mirada tranquila.

A su derecha estaba la señora Seusa Prokino, que se encargaba en el colegio de la asignatura de Supervivencia. Era una persona vital, de mediana edad, capaz de escuchar con atención todo lo que sus alumnos le decían, preocupándose por cada uno de ellos.

El tercero era el señor Leno Anasfalis, el joven tutor de Primero C. Este era su primer año en el colegio como profesor, aunque antes había estado seis años como alumno. Se le veía inseguro, un poco encorvado, con la mirada vagando por el aula, como si no supiera adónde dirigirla.

Tomó la palabra el director:

-Buenos días. Hoy vais a conocer en qué consistirá la primera "prueba" que tendréis que afrontar en Bontefró. Es comprensible que estéis un poco asustados, pero con el tiempo comprenderéis que de este esfuerzo vais a sacar mucho provecho. Sé que supone un reto para cada uno de vosotros, de eso se trata. Para resolverlo tendréis que utilizar no sólo vuestros conocimientos, sino también vuestra creatividad. También os será de ayuda la capacidad de cooperación con vuestros compañeros. Esta prueba, por tanto, persigue la misma idea que guía el espíritu del colegio: que seáis unas personas técnicamente bien preparadas para lo ordinario y para lo extraordinario, pero sobre todo que seáis unas buenas personas que viven con y para las otras personas que formamos esta sociedad. Me acompaña la señora Seusa Prokino, vuestra profesora de Supervivencia. Supongo que con eso ya os imagináis de qué trata la prueba. Ella os lo contará con detalle a continuación, y también os orientará en los aspectos técnicos a lo largo de los próximos meses. A vuestro tutor, el señor Leno Anasfalis, deberéis acudir cuando tengáis dudas de cómo dirigir vuestros esfuerzos, os sintáis perdidos y necesitéis consejo. También a mí me gustaría estar cerca de vosotros, pero lamentablemente mis muchas obligaciones no me lo permiten. El señor Leno Anasfalis me mantendrá al tanto de vuestros progresos. Ahora la señora Seusa Prokino os explicará la prueba.

La profesora tomó el mando electrónico y la pantalla al fondo del aula se iluminó. Empezaron a aparecer imágenes de pequeñas naves por el espacio, entrecruzándose las unas con las otras. Después comenzó a aparecer humo y la pantalla se fue oscureciendo hasta quedarse completamente negra. A continuación un chico de unos 12 años de edad parecía encontrarse solo en un pequeño asteroide, con su traje de navegación puesto y con la pequeña nave espacial humeante en el suelo junto a él.

Un murmullo recorrió toda la clase. Los chicos y chicas, que hasta ese momento habían estado en el más absoluto silencio, comentaban con sus compañeros sus primeras impresiones tras estas imágenes: "¡Qué guay! ¡Va de naves y de viajes!". Parecían contentos, ansiosos por conocer las explicaciones que vendrían a continuación, y seguían sin apartar la mirada de los profesores. Legui, desde su puesto en la última fila, observaba con atención también a sus compañeros de clase.

-¡Por favor, prestad atención!- dijo en voz alta la señora Seusa Prokino-. Por vuestras caras puedo adivinar que os ha gustado el tema. Eso me alegra. Sí, efectivamente se trata de que seáis capaces de salir de una situación similar a la que habéis visto en la pantalla: un chico como vosotros, por culpa de una avería de su nave espacial, se encuentra perdido en un pequeño asteroide. La prueba consiste en conseguir reparar vuestra nave y alcanzar un lugar habitado situado a 7 minutos luz. Las condiciones de partida son muy similares para todos vosotros, pero no iguales. Todos los alumnos de la clase tendréis las mismas necesidades, como humanos que sois todos vosotros. Sin embargo, no dispondréis de los mismos recursos, es decir, habrá algunas diferencias en la composición o en lo que contienen los trajes espaciales, la nave o el propio asteroide. Todo está calculado para que cada uno de vosotros pueda encontrar la solución a sus condiciones concretas. Podéis colaborar unos con otros formando grupos, o si lo preferís, podéis trabajar de forma individual. Si trabajáis solos vuestra única ayuda seremos vuestro tutor y yo. Si elegís trabajar en equipo, deberéis abordar todos los proyectos que individualmente se le han asignado a cada miembro del grupo, y todos deberéis superar la prueba. Es decir, en el caso de los grupos, superarán la prueba todos o ninguno de sus integrantes. Dentro de cinco minutos recibirá cada uno de vosotros en la libreta electrónica la prueba concreta que se le ha asignado. Tenéis una semana para indicarme con quién queréis trabajar. Tanto la nave como los recursos con que contáis serán reales. Todo lo encontraréis en el laboratorio de Supervivencia. El día 30 de marzo, es decir, justo dentro de 6 meses, haremos un viaje con el vehículo reparado a la plataforma vecina, que como sabéis está situada a 7 minutos luz. Los que lleguen a ella habrán superado la prueba. Y ahora me podéis preguntar.

Legui Dunasteo levantó el brazo pidiendo hablar.

-¿Sí, Legui?- le animó a preguntar la profesora.

-Si todos hacemos el trabajo en el mismo laboratorio de Supervivencia, ¿cómo se evitará que alguien pueda copiar las ideas de otro?

-Espero que esa pregunta no me la estés haciendo para averiguar cuál es la mejor forma para copiar a tus compañeros de una forma desleal, en lugar de asociarte con ellos.

Se oyeron risas contenidas entre los chicos.

-Por supuesto que eso lo hemos tenido en cuenta- continuó diciendo Seusa-. Aunque ahora el laboratorio de Supervivencia es una gran sala diáfana, dentro de una semana cambiará, y cada uno de vosotros tendrá una cabina individual. Si varios alumnos quieren formar un grupo, vuestras cabinas se fusionarán, quedando un espacio tan grande como el número de componentes de ese grupo. A la cabina de un grupo concreto sólo podrán entrar los alumnos que lo forman, vuestro tutor y yo.

-¿Podemos utilizar algún material de nuestro poblado, si lo traemos al regresar de las vacaciones de Navidad?- preguntó Sila Asmena, con su voz cantarina, desde la segunda fila.

-¡Pues claro que no! Os debéis limitar a lo que cada uno tiene asignado, y nada más. ¿Alguna otra pregunta?

-¿Podemos trabajar con quienes queramos durante esta primera semana en que no están formados los equipos, aunque luego no nos agrupemos con ellos, o sólo se puede trabajar de forma individual durante este tiempo?- preguntó Puel Gliscón, que estaba sentado justo delante de Legui.

-Ese es un aspecto interesante. En esta primera semana podéis compartir toda la información que queráis, sin que ello os vaya a condicionar. De esta forma podéis conocer y valorar con quién os interesa formar equipo.

Por último tomó la palabra el señor Leno Anasfalis, para decirles tímidamente que trataría de ayudarles en todo cuanto pudiera.

Entonces, las libretas electrónicas situadas delante de cada uno de los alumnos se iluminaron y empezaron a recibir registros de múltiples formas y colores, que se iban acumulando hasta rellenar de forma apretada toda la primera página de la libreta.

No se oía ningún otro sonido que la llegada de los datos a las libretas. Todos los alumnos tenían los ojos fijos en sus propias páginas, con la respiración casi detenida. Las caras de los profesores reflejaban como, a través de los alumnos de Primero C, se veían transportados en el tiempo a los años en que ellos mismos habían recibido su primera prueba en el colegio.

Capítulo 3

LENO ANASFALIS

Unos días antes de que comenzara el curso escolar, aún se podía respirar tranquilidad en Bontefró. Pronto los alumnos llenarían de voces, ruidos y risas todos los espacios del colegio a los que tendrían acceso. Muy pocos lugares se librarían de ello; uno sería el despacho del director, el señor Derpes Dicayo. Estaba situado en la parte superior de la plataforma, con vistas a todo el complejo del colegio. Allí se encontraba ese día el señor Leno Anasfalis.

Leno había sido alumno del colegio, y poco después de finalizar sus estudios universitarios de Biología Galáctica recibió la noticia de que necesitaban un profesor en Bontefró. Tenía planeado continuar con el proyecto de investigación para la graduación superior. Pero su familia y amigos le aconsejaron que no dejara escapar esta oportunidad, porque incorporar a su *curriculum* haber sido profesor en Bontefró le abriría muchas puertas y, además, mientras trabajara en el colegio tendría tiempo suficiente para ir avanzando en su investigación.

Ahora, sentado delante del señor Derpes Dicayo, sentía el mismo respeto y también el mismo miedo que años atrás siendo alumno. No entendía muy bien por qué, ya que el director siempre había sido amable con él, aunque exigente como con el resto de alumnos. Se sentía como si fuese a ser juzgado y no fuese capaz de estar a la altura de lo que debía ser un profesor en Bontefró. Además, la necesidad de compatibilizar su trabajo de profesor y su estudio de investigación le colocaban en una situación incómoda.

Cuando Derpes terminó de escribir unas letras en la pantalla de su mesa, con una cálida sonrisa se dirigió a él:

-Querido Leno, no sabes cuánto me alegro de que te hayas incorporado al colegio. Poder contar con una persona con tu formación y que conozca bien el funcionamiento de este colegio, me da mucha tranquilidad. ¿Cómo has encontrado tus habitaciones? ¿Echas algo en falta?

-Están muy bien, y de momento no necesito nada más. Muchas gracias.

-Como sabes, darás clase de Biología a los cursos de Primero y Segundo. Supongo que conoces el temario, y si no pídeselo al señor Ralip, en la secretaría técnica. Debes basarte en los textos del colegio, aunque puedes incorporar lo que consideres conveniente, siempre que cumplas con los objetivos. Las prácticas se dan en el laboratorio, no hace falta que te lo explique. ¿Tienes claro tu papel como profesor de Biología?

-Me parece que sí. De todos modos, si me surgen dudas te las consultaré, si no te importa.

-Por supuesto, puedes hablar conmigo en cualquier momento que lo necesites, forma parte de mis obligaciones como director, y además será un placer. Bueno, por otra parte, toda la junta del colegio ha pensado que, además de trabajar como profesor de Biología, este curso serás el tutor de Primero C. ¡No pongas esa cara! Ya sabía que no te iba a gustar la idea, pero nos es imprescindible y creo que te va a venir bien. Eres joven y hace pocos años aún tenías la edad de esos alumnos. Eso te ayudará a entenderlos más fácilmente y así acercarte a ellos. Además, resolver los problemas de convivencia de los chicos en el colegio, es tan importante o más en su desarrollo como su aprendizaje académico, y ahí tu papel será fundamental.

-Realmente no sé si estoy preparado para ser tutor, aunque sea de alumnos del primer curso, que suelen ser los menos conflictivos. Yo nunca he sido delegado de curso, y mis estudios siempre han sido muy técnicos y poco relacionados con el trato de personas.

Leno guardó un poco de silencio, con la esperanza de que el director retirara esa propuesta, pero al darse cuenta que no tenía más remedio que aceptarla si quería trabajar en Bontefró, continuó diciendo:

-De todas formas, si toda la junta opina que debo asumir esa función, evidentemente lo haré y trataré de hacerlo lo mejor posible. En ese caso, ¿podría nombrar yo directamente al delegado del curso para que me ayude?

Derpes se quedó pensando unos segundos, y luego pausadamente respondió de forma un poco dubitativa:

-Bueno, quizá se podría hacer en este caso. Generalmente al delegado lo nombra el tutor entre tres alumnos propuestos por sus propios compañeros, pero no hay reglas estrictas en este sentido. Como se trata de un curso de Primero, y los alumnos aún no se conocen bien entre sí, se podría justificar esa forma de proceder. Por cierto, aquí tienes el listado con los nombres de los veinticuatro alumnos, los nombres y domicilio de sus padres, y los colegios de dónde proceden. Como verás todos son de este Sector Galáctico, la mayoría de familias son de los poblados, pero algunas de la gran urbe, incluso de las familias más influyentes.

-El trato debe ser igual para todos. Supongo que siguen siendo así las normas en Bontefró, ¿no?

-¡Por supuesto! Es uno de sus principios. Sin embargo, date cuenta de que cuando una injusticia afecta a un alumno de una de estas familias, te sitúan inmediatamente en el foco de atención de toda la sociedad. Por eso debes ser siempre justo, pero extraordinariamente cuidadoso cuando tu actuación afecte a uno de estos alumnos, ya que puede repercutir en tu futuro y también en el futuro de este colegio. Ante cualquier duda consúltame, ¿de acuerdo?

-No lo olvidaré. Muchas gracias.

-¡Hasta mañana pues, Leno, y que tengas un buen día!

-¡Hasta mañana, señor director!

Leno, a modo de despedida, se inclinó levemente ante Derpes y abandonó su despacho. Mientras caminaba por el pasillo tenía el rollo con el listado de alumnos fuertemente apretado en una mano, la mirada perdida a lo lejos, y su cabeza no paraba de bullir, dándole vueltas a la conversación que acababa de tener. Ser tutor sólo podía traerle problemas, y quitarle un precioso tiempo a su proyecto de graduación en Biología Galáctica. Pero, claro, eso no se lo podía decir así al director. Seguro que él ya se había dado cuenta. En la entrevista inicial le había insistido en que su investigación no debía repercutir negativamente en su trabajo como profesor. La única solución era buscar un buen delegado en Primero C, en quien poder descargar gran parte de esta responsabilidad. Probablemente lo mejor sería escogerlo entre los alumnos pertenecientes a una de esas familias influyentes de las que el director le había hablado.

Capítulo 4

LEGUI DUNASTEO

Al caer la tarde, en la habitación de Legui Dunasteo, cuatro amigos empezaban a jugar una partida de "atrapagomis". Eran el propio Legui, sus dos mejores amigos, Noi Baris y Amós Bascano, y la única chica del curso procedente de la urbe, Linda Blacos.

La familia Dunasteo era una de las más influyentes del Sector Galáctico Gía Panta. Legui era un muchacho corpulento, de ojos claros, inquieto y avispado. Se creía con más derechos que sus compañeros por el simple hecho de pertenecer a una familia de renombre. Tenía claro que conseguiría la graduación al finalizar los seis cursos en el colegio. Y para ello no le importaría emplear todos los recursos a su alcance, tanto si estaban contemplados en el reglamento como si no. Además, pensaba pasárselo lo mejor posible.

El juego estaba colocado sobre el suelo, en el centro de la habitación. Consistía en un tablero circular con relieve que simulaba montañas y valles, con numerosos túneles y cuevas. Había cuatro pequeños recipientes situados entre el centro y la parte más periférica del tablero, que contenían un líquido de color verde esmeralda. Era el alimento de los gomis. Todo estaba cubierto por una semiesfera de un material transparente parecido al cristal.

Los gomis eran unos pequeños animales creados por ingeniería genética imitando los gomis originales: una imagen virtual con forma de seres redondeados en la cabeza y alargados en el cuerpo, sin patas, blandos, del tamaño de un dedo meñique, de piel lisa, brillante y azulada. Estos animalitos se arrastraban con agilidad por la superficie irregular del tablero, se metían y salían de túneles y cuevas, y en sus saltos llegaban a tocar la cubierta transparente, que les impedía salir del juego. Desde hacía pocos meses se podían conseguir en los comercios de la urbe, pero generalmente se producían y criaban en los poblados.

Cada jugador disponía de una mano virtual dentro del juego. La mano podía atrapar gomis, presionar sobre el cuerpo de los animales atrapados para rellenar el recipiente correspondiente al jugador, y finalmente llevarlos a su cesta, situada junto al borde del tablero. Al principio, todos los jugadores tenían la misma cantidad de líquido verde, pero conforme atrapaban y vaciaban gomis, aumentaba la cantidad en su recipiente, lo que atraía a su vez a más. Cuando uno de estos pequeños seres mordía la mano virtual, aparecía una pequeña rojez en ella. Si toda la mano se tornaba roja se desintegraba y su correspondiente cesta se abría, quedando libres de nuevo los animales atrapados. Ganaba el jugador que más gomis capturaba.

La mayoría de chicos utilizaba gomis virtuales para jugar. Los reales se solían utilizar como mascotas, aunque algunos empezaban a jugar con ellos al "atrapagomis". Legui era uno de ellos.

-Vais ahora a ver de verdad lo que es jugar con gomis. Nada de tonterías de juegos virtuales. Esto va a ser su cruda realidad- comentaba Legui entusiasmado mientras encendía el foco de luz central para iluminar el tablero-. Pero aún no os imagináis lo mejor. Amós, que es un genio en materias virtuales, ha conseguido que podamos tener el poder del juego realmente en nuestras manos. ¡Mirad!

Y acto seguido Legui atravesó con su mano la cubierta transparente, sin que nada pareciera obstaculizar ni su entrada ni su salida, mientras se reía con descaro.

-Y muy a su pesar, estos birriosos gomis no pueden atravesar la cubierta y escapar- continuaba diciendo Legui con alegría.

-¿Cómo lo has conseguido, Amós?- preguntó Noi, al que también le interesaba todo lo relacionado con las materias virtuales.

-Realmente ha sido un trabajo algo complicado, y explicarlo me puede llevar tanto tiempo que si lo hago no podremos jugar esta tarde. Mejor en otro momento, además me da la impresión de que a Linda no le apasionan estos asuntos- respondió Amos.

-Es verdad, no me apasionan- dijo Linda con una sonrisa que no conseguía embellecer su rostro-. Pero todos tendremos que saber más pronto o más tarde algo de esto, nos guste o no. De todos modos, ahora prefiero jugar. ¡Venga, empecemos ya!

Legui tomó de un estante una caja de plástico, que tenía una tapa con pequeños agujeros. Dentro podían verse seis gomis, aparentemente dormidos. Con cuidado corrió un poco la tapa, introdujo su mano y cogió un gomi rodeando su cabeza, de tal forma que no podía abrir la boca, y así lo trasladó hasta colocarlo sobre una de las montañas de juego. El sueño del gomi terminó bruscamente al cogerlo Legui, pero con su cabeza inmovilizada, sólo podía mover su pequeño cuerpo blando. Cuando lo dejó suelto, el animalito comenzó a dar saltos sobre las montañas que daban forma al tablero. En uno de estos saltos consiguió alcanzar la esfera transparente que cubría el juego, chocando contra ella y cayendo de nuevo al tablero.

Esta misma operación se repitió otras cinco veces, hasta que todos los gomis habían entrado en el juego.

Los amigos, sentados en el suelo, seguían con atención este transvase. Permanecieron en silencio mientras Legui cogía y sacaba cada gomi de la caja, y le ovacionaban cuando lo soltaba sobre el tablero. Estaban entusiasmados viendo por primera vez gomis reales dentro del juego.

A continuación cada uno de ellos ocupó su lugar alrededor del juego. Y entonces Legui, con su fuerte y sonora voz, dio la señal de comienzo: "¡Ya, a por ellos!". Todos metieron la mano dentro de la semiesfera dirigiéndola hacia los gomis que tenían más cerca. Al principio los seis animalitos estaban bebiendo su verdoso alimento de los recipientes, pero pronto se dispersaron al percatarse de la cercanía de esas manos que antes los habían cogido y atenazado. Resultaban casi imposibles de atrapar por sus rápidos movimientos y su piel resbaladiza. Además, con frecuencia se escondían en las cuevas y en los túneles, de donde los chicos trataban de sacarlos introduciendo sus dedos. Debían de estar asustados.

A Linda le desagradaba el contacto con estos animales, y aunque se mantenía en el juego con la mano dentro, no se esforzaba en exceso por atraparlos. Sonreía para que los demás no tuvieran dudas de que quería formar parte de su grupo, pero tocar a los gomis le producía verdadera repugnancia.

Tras varios minutos de persecución, Noi fue el primero en conseguir atrapar uno, en pleno salto en el aire: "Ya te tengo, bichejo. Ahora vas a soltar hasta la última gota de mi líquido," decía mientras lo llevaba hasta su recipiente, y apretaba su pequeño cuerpo. Los amigos le animaban, al tiempo que el animal dejaba caer por la boca el líquido verde esmeralda en el recipiente situado en frente de Noi, y luego quedaba tendido en su cesta.

Poco después, Amós capturó uno y Legui otro, ocultándose junto a la salida de una cueva donde se habían escondido dos gomis, y a la que habían llevado unas gotas de alimento para hacerlos salir. Tras ser atrapados, los animales quedaron sin fuerza cada uno en la cesta de su captor.

Los tres animales que quedaban se aproximaban a los recipientes para retomar fuerzas, pero el acercamiento de las manos les hacía huir y buscar lugares donde esconderse. Finalmente uno no pudo más y paró a beber unos segundos en el recipiente más próximo a Legui, acto que él no desaprovechó. Rápidamente lo envolvió con toda su mano, pero no controló su tremenda fuerza. Aplastó al animal, y un líquido negro verdoso saltó de su puño cerrado, derramándose por su mano y salpicando la cubierta y el tablero.

La sorpresa hizo detenerse a los cuatro amigos por unos instantes, hasta que Legui comenzó a reírse de forma estridente. Sus amigos no tardaron en unirse a él con sus risas.

-Necesitaremos nuevos gomis para las siguientes partidas- continuó Legui-. Nuestros compañeros de los poblados tendrán que entenderlo, sobre todo ahora que Leno me ha nombrado delegado de la clase. Mañana hablaré a solas con ese Puel Gliscón. Tengo la impresión de que quiere formar parte de nuestro grupo, a pesar de venir de los poblados. Si lo aceptamos nos tendrá que pagar un precio.

Capítulo 5

CLL717: NATURALEZA Y TECNOLOGÍA

Xana Nous adoraba a los animales. De hecho, en su habitación tenía siete gomis azules en una sencilla caja con tierra y plantas. Eran de las pocas especies que un alumno podía tener en Bontefró.

Todos los días les preparaba el alimento, los sacaba de la caja y jugaba con ellos. Con suavidad extrema, casi como con una caricia, los cogía con su mano y los depositaba en el suelo. Aunque los animalitos no hablaban, ella parecía entenderlos. Sabía si querían comer, si estaban cansados y necesitaban tranquilidad, o si lo que querían era animación.

Pero en Bontefró había otro animal al que Xana tenía especial cariño: Pelos, el perro de la cocinera. Era pequeño, peludo, suave y sus largos mechones de color arena le caían sobre los ojos. Muchas noches, después de la cena, Xana se acercaba a la cocina. Allí siempre lo encontraba junto a Ela Maias, la anciana cocinera de Bontefró.

Aquella noche, en cuanto Xana entró a la cocina, Pelos corrió hacia ella moviendo el rabo y ladrando alegremente, se puso sobre sus dos patas traseras y le lamió las manos, mientras ella le saludaba acariciándole.

-¡Hola Xana! ¿Cómo te ha ido el día?- le preguntó Ela nada más verla entrar por la puerta.

-Muy bien. Desde que nos dieron la prueba el otro día, no hago más que darle vueltas, y hoy se me han ocurrido un par de ideas buenas. Déjame ayudarte, ¿qué puedo hacer?

-Estoy preparando el desayuno de mañana. Ya he terminado el de los alumnos de 1º, 2º y 3º. Está en esos tarros. Podrías ir pasándolos por la medidora de elementos nutritivos.

-Ahora mismo- respondió Xana, mientras pasaba las manos por el chorro de gas desinfectante situado en un extremo del banco-. Estoy convencida de que a ti esa máquina no te hace ninguna falta. Sabes perfectamente si los componentes nutritivos de lo que preparas son los que tocan.

-Es posible. Los años que llevo en este oficio de algo me han tenido que servir. Pero las cosas hay que hacerlas bien hasta el final, por eso prefiero asegurarme que todos los chicos comen lo correcto.

En ese momento entró Roa Odis saludando con su voz inconfundible, fuerte y grave. También él era alumno de Primero C, uno de los más alegres y simpáticos, y probablemente también el más gordo y holgazán.

-No os podéis hacer una idea del hambre que tengo. Ela, ese medidor que usas no debe funcionar bien, porque mi ración es demasiado escasa. Lo noto. Ves, no hace ni media hora que acabamos de cenar y ya tengo tanta hambre que si no como algo, no voy a poder dormir esta noche. ¡Venga Ela, por favor, dame algo!

Ela se hizo un poco de rogar, pero al final le dio unas fresas de las que ella misma cultivaba en el terrario de la plataforma. En el fondo le agradaba que Roa apreciara tanto su comida.

-Por cierto- preguntó Roa-, ¿existen plantas capaces de crecer y empezar a dar alimento en unas pocas horas sin necesidad de demasiada agua?

-¡Hay que ver que preguntas haces!- exclamó Ela.

-Es que uno de los problemas de la prueba es poder sobrevivir hasta alcanzar un lugar habitado. He calculado que eso en mi caso me puede llevar entre seis y doce horas, y no podré aguantar tanto tiempo sin comer nada. No me han puesto nada de comida ni en mi nave averiada ni en el asteroide. Lo único parecido a algo comestible son unos granos secos, redondos y rosados. Pero la cantidad de agua que tengo es sólo la justa para poder beber yo.

-Bien podrías aguantar esas horas sin comer, incluso te vendría bien. ¡Pero, espera! Ya sé de que granos me estás hablando.

Y tras teclear en el panel de mandos el código CLL717, por el tubo central se deslizó un frasco transparente repleto de bolitas rosadas, lisas, de aproximadamente 1 cm de diámetro.

-Yo también tengo esos granos en mi nave y no sabía tampoco de qué se trataba. ¡Esto es genial!- exclamó Xana al ver el frasco.

-Es más genial de lo que os pensáis. Esperad un poco y preparaos para ver- prosiguió Ela mientras alcanzaba el frasco y lo colocaba sobre el banco-. Son granos de un cereal llorón. Enseguida veréis por qué se llama así. El sabor no es demasiado bueno, y por eso no los solemos emplear en la cocina, aunque son nutritivos y se pueden comer. Pero lo extraordinario de ellos es que, simplemente con luz, un poco de agua y con el aire que nosotros mismos exhalamos, son capaces de crecer rápidamente hasta formar una planta con unos frutos redondos, rosados, blandos, que rezuman agua, lloran. ¡Mirad!

En ese momento empezó a ladrar Pelos en dirección a la puerta, moviendo el rabo en señal de alegría. Eran Jao y Sila los que llegaban. Junto a ellos iba un gato pardo de ojos brillantes. Pelos, al advertir la presencia del animal, había cambiado su aspecto amigable por otro desafiante, enseñando los dientes y acompañándose de un gruñido sordo. El gato huyó por donde había venido nada más verlo.

-Claro, ¡dónde si no ibais a estar!- exclamó Sila sonriente-. ¡Hola Ela! Venga, cuéntanos que te ha sacado Roa.

-Este es un estupendo lugar de reunión. Me parece que nos vamos a ver muchas veces aquí. ¿Cómo lo ves, Ela? ¿Tienes suficientes víveres para hacer frente a nuestras reuniones?- añadió Jao también con una sonrisa en la boca.

-Si no armáis demasiado lío ni me desvalijáis la cocina, y de cuando en cuando me echáis una mano, podéis venir cuando queráis- prosiguió Ela-. Bueno, ahora iba a enseñarles a Roa y a Xana algo que quizás también os pueda interesar a vosotros dos.

Destapó el frasco con el cereal CLL717, sacó un grano y lo colocó en un cuenco transparente, al que añadió un poco de agua. Al contacto con aire y agua, el grano empezó a cobrar vida como si contuviera una extraña fuerza en su interior. Surgieron unos tentáculos de color ocre en su parte inferior, que se fueron extendiendo hasta conformar una amplia base aferrada al cuenco que lo contenía. Casi a la vez brotaron otros cinco tentáculos verdosos en la parte superior, que fueron ramificándose en otros más pequeños de los que pendían numerosas membranas de color verde.

Ela sostenía en sus manos el cuenco con la planta, y a la vez exhalaba sobre ella aire de su boca. Con eso la planta parecía cobrar aún más vida, creciendo rápidamente hasta hacerse tan alta como una persona adulta, por lo que Ela no tuvo más remedio que depositarla sobre el suelo en el centro de la estancia. Al final, empezaron a aparecer pequeñas bolitas de color verde, que se iban sonrosando conforme aumentaban de tamaño, hasta convertirse en unos frutos redondos y lisos, de color rosado y de unos 3 cm de diámetro. Poco después comenzaron a surgir pequeñas gotitas de agua sobre las membranas, un rocío.

Los cuatro amigos contemplaban la transformación con asombro. Habían visto crecer otras plantas en el terrario, pero este proceso siempre había sido tan lento que no era perceptible a simple vista.

-¿Cómo es posible una cosa así?- preguntó Xana, siempre queriendo conocer el porqué de todas las cosas.

-Pues creo que tiene que ver con algo de bioingeniería. Quien seguro os lo puede explicar a la perfección es vuestro profesor Leno Anasfalis- contestó Ela.

-Debe tratarse de un proceso de fotosíntesis acelerado, bueno, aceleradísimo- interrumpió Jao-. Parece increíble como las plantas son capaces de transformar el agua y gas carbónico en oxígeno y sustancias nutritivas, simplemente con la ayuda de la luz. Y en este cereal este proceso lo han potenciado muchísimo. ¿Podemos probarlo?

No le había dado tiempo a contestar a Ela, cuando Sila cogió una bola rosada y se la metió en la boca. Arrugando la nariz y entrecerrando los ojos, les indicó con un gesto a sus amigos que no se trataba precisamente de ningún manjar, aunque se podía comer. Aún así, Xana, Jao y Roa cogieron cada uno una bola, la probaron y tuvieron la misma impresión. Era un fruto blando, farináceo, un poco dulce y un poco ácido, de un sabor sin ningún parecido con nada que pudieran recordar.

-Entonces ya está claro porqué me han puesto estos cereales en la prueba. Es la forma de tener alimento, y además también oxígeno, durante el tiempo que tarde en arreglar mi nave. ¡Ela, eres la mejor!- dijo Roa contento.

-Estáis los cuatro en el mismo grupo, ¿no?- preguntó Ela.

Entonces Xana, Jao, Sila y Roa se miraron entre si. No lo habían hablado todavía, pero sí lo habían pensado cada uno de ellos por separado. Eran diferentes en gustos, habilidades y forma de ser, pero sobre todo eran amigos, se sentían a gusto juntos, podían hablar de cualquier cosa con naturalidad, y si alguno lo necesitaba los otros siempre le ayudaban.

"¡Sí!", exclamaron sonriendo los cuatro al mismo tiempo. Acababan de darse cuenta de que de hecho ya formaban un grupo, y debían seguir juntos.

Capítulo 6

CANTO DE SIRENAS

-Ya podéis arrancar los motores. Y cuando cuente tres, salid. ¡Uno, dos y tres!- gritó la señora Seusa Prokino, y su voz se transmitió al interior de todas las pequeñas naves que esperaban impacientes en el *cosmopuerto* de Bontefró.

Los chicos iban de dos en dos en cada una de las naves, uno la dirigía, mientras el otro estaba al tanto de todos los controles, obstáculos y demás aspectos que podían afectar la carrera. Era la primera vez que hacían ellos solos el recorrido. Su profesora de Supervivencia los controlaba a distancia desde la cabina del *cosmopuerto* en la plataforma, valiéndose de su pantalla, transmisor y panel de mandos. Esto permitía en caso de apuro atraer hacia la plataforma las naves extraviadas o con problemas.

-Venga, Xana, se van a quedar todos con tres palmos de narices. No se esperan los de *Bontefró superior*- dijo Sila con retintín, al mando de la nave-, que los dejemos atrás ya en la primera salida.

-Desde luego- contestó Xana, que acompañaba a Sila en la

misma nave-. Si te viera tu padre estaría orgulloso de ver en qué temible piloto se ha convertido su hijita gracias a sus clases. No podía ser de otra forma: de tal palo, tal astilla.

Como relámpagos en una tormenta salieron los alumnos de Primero C en sus doce naves. Sólo dos de ellas parecían titubear y tambalearse en el despegue, pero en pocos segundos también se incorporaron al grueso del grupo.

La plataforma estaba formada por una parte sólida de forma ovoidea, con un potente núcleo central generador de gravedad. Varios túneles la atravesaban, comunicando las distintas partes de su superficie. Una gruesa capa gaseosa lo envolvía todo, capa en la que el oxígeno, el vapor de agua y otros gases eran fundamentales para permitir la vida. Una membrana externa líquida aislaba la plataforma del resto del cosmos. Con el reflejo de la luz en esta membrana líquida Bontefró tenía, desde el exterior, el aspecto de una gran pompa de jabón suspendida en el espacio. Al entrar y salir las naves de la plataforma quedaban envueltas por una parte de esta membrana durante unos momentos hasta que se desintegraba.

Los alumnos de Primero C debían llegar hasta un asteroide situado a un minuto luz de distancia y rodearlo, pero en su trayectoria otro pequeño asteroide, Gorgona, les obligaba a describir una curva. Además, no era extraño encontrar en esta zona del espacio pequeños obstáculos, meteoritos y basura galáctica, que al impactar en las naves las desequilibraba, haciéndolas girar en distintos sentidos, por lo que debían esquivarlas.

Evitar los obstáculos, permanecer en la trayectoria adecuada y alcanzar la máxima velocidad posible exigían la máxima concentración. Tras los primeros momentos el grupo se fue estirando,

distanciándose las primeras naves del resto. Dos de ellas ocupaban la primera línea, una estaba pilotada por Legui y Noi, y la otra por Amós y Puel. Se habían situado de forma que dificultaban al máximo que las otras les sobrepasaran. Sila y Xana les seguían a corta distancia, y un poco más atrás venía el resto del grupo. Los intentos de adelantamiento de Sila se veían siempre respondidos por movimientos de las naves de Legui y Puel, que le impedían el paso. Resultaba además muy peligroso situarse inmediatamente detrás de ellos, porque esquivaban los obstáculos de forma brusca, con el propósito de que sus perseguidores no tuvieran tiempo para reaccionar, y así impactaran contra su nave. Roa y Jao se fueron aproximando poco a poco al grupo de cabeza. Esto mejoraba la posición de las chicas. Ahora Legui y sus amigos tendrían que competir con dos naves.

Casi estaban a mitad de camino, a la altura del asteroide Gorgona, cuando Xana creyó oír un suave sonido. Era una música dulce y algo melancólica, pero su intensidad era tan baja que dudaba de si realmente la escuchaba o de si era una imaginación suya.

Le vino a la memoria el pasaje de la Odisea que sus compañeros habían leído días atrás en la sala circular. Contaba como la diosa Circe advierte a Ulises del peligro de las sirenas:

"Tendréis que pasar primero cerca de las Sirenas, que encantan a cuantos hombres se les acercan. ¡Loco será quien se detenga a escuchar sus cánticos, pues nunca festejarán su mujer y sus hijos su regreso al hogar! Las sirenas le encantarán con sus frescas voces."

Este recuerdo no era casual, porque junto a la música que creía escuchar, sentía como una fuerza le atraía hacia el asteroide Gorgona, situado ahora a su lado.

Miró a Sila, que tenía los ojos fijos en el frente.

-¿Lo oyes?- preguntó tímidamente.

No, Sila no lo había escuchado, estaba totalmente concentrada en la navegación, al igual que el resto de sus compañeros. Rápidamente Xana volvió a retomar su papel de copiloto.

Ahora con la nave de Roa y Jao a su lado podrían esquivar más fácilmente el bloqueo de Legui y sus amigos. El forcejeo entre las cuatro naves continuó hasta alcanzar el asteroide que marcaba el punto más distante del recorrido. Al rodearlo las naves de Sila y Roa iniciaron un movimiento que Legui y Puel interpretaron como un adelantamiento por la parte exterior, dirigiendo entonces sus vehículos hacia esa órbita para impedírselo. Pero en cuanto lo hicieron, un brusco cambio de dirección aproximó las naves de Sila y Roa tanto a la superficie del asteroide que casi lo rozaron. Un pequeño susto, un movimiento arriesgado del que habían salido ilesos y dejaba por primera vez atrás a sus compañeros. Dieron la máxima potencia a sus motores, y ahora en línea recta rumbo a Bontefró resultaban casi imposibles de alcanzar. Legui y Puel intentaban aproximarse, pero la distancia entre ellos aumentaba conforme pasaba el tiempo.

"Sila Asmena y Xana Nous, nueve minutos, cuarenta y siete segundos", oyeron decir a la señora Seusa Prokino al posarse en el *cosmopuerto.*

Habían sido las primeras en llegar, tres segundos antes que Roa y Jao. A ellos les siguieron todo el resto del grupo, menos dos naves que la profesora había tenido que rescatar. Aunque este ejercicio no era en esencia una competición, pues bastaba con realizar el recorrido, ser rápido recibía un mayor reconocimiento académico.

A la salida del *cosmopuerto* muchos compañeros felicitaron a Sila. También Legui se acercó seguido de varios de sus amigos, y le dijo todo serio: “Navegas bien. Podrías formar parte del mejor equipo. Piénsalo.”

Capítulo 7

LA LLAMADA

Xana no conseguía conciliar el sueño. Le venían a la memoria las imágenes del día transcurrido. Después de la navegación todos sus amigos se habían reunido en la plaza ajardinada, y habían estado comentando las incidencias de la carrera. Estaban muy contentos, y con razón, las cosas les iban bien y además estaban muy a gusto con el grupo de amigos que habían formado.

A Xana le llamó la atención que ninguno de ellos hubiera reparado en la música que emergía del asteroide Gorgona. No sabía como interpretarlo. Llamó a Mael, que tardó un poco de tiempo en hacerse presente a su lado. ¿Qué pensaba Mael de esa música? ¿Debía hacer ella algo o debía olvidarse de todo aquello? Quizás fueran simplemente imaginaciones suyas, de hecho nadie más parecía haberlo oído.

Mael le recordó la historia de Ulises, de como las sirenas utilizaban su voz melodiosa para atraer a los marineros. En ese caso la finalidad no era nada buena, y ninguno de los que llegaba a su isla salía de ella con vida. Pero un buen medio no siempre tiene una mala finalidad. Quizás esa llamada a través de la música era una llamada de auxilio, y no debía quedarse sin respuesta. Entonces, ¿por qué de esa forma?, y ¿por qué sólo la había oído ella? Eso no se lo explicó Mael, pero al dormirse sabía que la música había sido real y que al día siguiente debía volver allí.

A los alumnos de Primero no les estaba permitido salir solos de Bontefró en las naves de paseo. Debían ir acompañados por un profesor o por algún alumno de cursos superiores. Tampoco ella se atrevía a ir sola, porque su dominio de la navegación no era excesivo. Consiguió convencer fácilmente a Sila para que le acompañara, y luego, y gracias a la demostración del día anterior, también convenció a la profesora Seusa para darles la autorización a ir ellas dos solas en la nave.

-¡Estás como una regadera!, pero me encanta hacer esta escapada- comentó Sila, para la que compartir un paseo espacial con su amiga no necesitaba ninguna razón, aunque no se acababa de creer lo de la música.

Xana estaba decidida a hacer lo que creía correcto, aunque en este caso entrañara un cierto riesgo.

-Es verdad que nadie más lo oyó, pero sólo hay una forma de comprobarlo. Cuando lleguemos a la órbita del asteroide, si se sigue oyendo la música, tú me esperas en la nave mientras yo me acerco a la superficie. Seguiremos en contacto audiovisual. Si por cualquier causa perdemos ese contacto y ves que no regreso en un tiempo razonable, lo mejor será que vuelvas a Bontefró y pidas ayuda.

-¡Ni hablar! Por nada del mundo me perdería algo así. No te pienso dejar sola. Además, le he dicho a Roa que esté conectado todo el rato a nuestra línea audiovisual. Si nos pierde y pasa más de una hora, dará la señal de alarma a la señora Seusa Prokino.

A Xana no le gustaba que hubiera más personas al corriente de sus movimientos, porque al final podían enterarse quienes no debían y tener problemas. De todas formas, tanto Sila como Roa eran de toda confianza.

La nave despegó y se fue alejando de Bontefró con toda normalidad. Esta vez pilotaba Xana, era su expedición. Pero Sila estaba controlándolo todo, tanto dentro como fuera de la nave, y orientaba a Xana en las maniobras más complicadas. No tardaron mucho en divisar el asteroide Gorgona. Cuando llegaron cerca de él detuvieron la nave, dispuestas a comprobar la situación.

-Pues yo sigo sin oír nada- comentó Sila, nada más parar los motores.

-Espera un poco y tratemos de escuchar. Aquella música era muy suave.

Las dos amigas quedaron casi inmóviles y en el más absoluto silencio, con la mirada puesta en el asteroide.

Gorgona era una gran roca en el espacio. Tenía suficiente superficie para poder albergar a un pequeño poblado con pocas familias, pero su aridez, falta de atmósfera y de recursos naturales hacían que estuviera deshabitada. La superficie no era lisa, sino con múltiples recovecos que podían servir fácilmente de escondrijo. Desde la nave no se veía ni oía nada excepcional.

Cuando estaban a punto de dar media vuelta y regresar a Bontefró empezó a escucharse una débil voz que parecía decir: “ven, ven, ven”. La voz era tan dulce y melodiosa como una melancólica canción. Esta vez tanto Sila como Xana la habían escuchado.

-¿Seguro que también quieres venir? No sabemos lo que nos podemos encontrar allí- dijo Xana en un último intento para disuadir a su amiga de acompañarla.

-¡Seguro!- respondió Sila mientras se desabrochaba el sistema de sujeción-. Ahora deberíamos de conectar los sistemas de comunicación audiovisual de nuestros trajes espaciales y comprobar que también Roa nos puede seguir.

-Sigo aquí, mis valientes-, oyeron decir las dos a Roa desde el emisor de sonido de sus cascos-. No me voy a separar del transmisor ni un solo segundo, estad tranquilas.

La nave se había posado en una zona llana sobre el suelo rocoso del asteroide. El sonido se seguía oyendo, y aparentemente procedía de una pequeña oquedad situada en un montículo cercano. Con sigilo, pues no tenían más defensa que la huida rápida, Xana y Sila se fueron acercando a ese lugar. La escasa gravedad del asteroide casi les permitía ir flotando sobre la superficie, de manera que ningún ruido delataba el avance de sus pasos hacia la fuente de aquel misterioso sonido.

Xana se situó en el lado derecho de la entrada a la pequeña cueva, mientras Sila ocupaba el lado izquierdo. Aquí el canto se oía con toda nitidez. No contenía ninguna letra inteligible, pero su dulce y triste melodía invitaban a acudir junto al increíble ser capaz de entonar algo así. Hasta ese momento no habían encendido ninguna fuente luminosa, porque la tenue luz ambiental en esta zona del espacio la hacía innecesaria, pero ahora resultaba imprescindible para poder ver dentro de la cueva. A una señal de Xana, las dos amigas encendieron a la vez los focos de luz de sus cascos espaciales y se situaron en la entrada del recinto.

La voz cesó bruscamente de cantar. Una pequeña sombra pareció resguardarse detrás de unas cuantas piedras amontonadas hacia el final, en uno de los lados. La cueva no era ni muy alta ni muy profunda, de hecho las chicas casi rozaban con sus cabezas su techo. Las dos empezaron a avanzar despacio hacia el lugar donde se había ocultado la sombra. Cuando ya sólo estaban a dos pasos de alcanzarlo y descubrir que se escondía detrás, un animal de color anaranjado se abalanzó con la velocidad del rayo sobre la cabeza de Xana mientras un chillido ensordecedor rompió el silencio. La brusquedad del golpe, hizo caer a la chica al suelo sobre su espalda, mientras intentaba separar a aquel animal que arañaba, mordía y se aferraba a su casco espacial. Sila corrió en ayuda de su amiga, y a la vez que sujetaba al animal por el pescuezo con una mano, le metía los dedos índice y medio de su otra mano en los ojos. El animal quedó paralizado, emitiendo un sonido que bien podría haberse confundido con el llanto agudo de un bebe. Pendía en el aire de la mano levantada de Sila, agitando todo su cuerpo con energía en un intento por liberarse.

-¡Vaya, pero si no es más que un gato!- exclamó Sila al observarlo de cerca.

-¡Un gato! ¡Pues, menudo gato, un poco más y me deja sin cara!

Xana trataba de colocarse correctamente el casco después del incidente, a la vez que comprobaba si ella misma seguía en buen estado.

El animal poco a poco dejó de moverse. Estaba tan exhausto como asustado. No tenía buen aspecto, estaba flaco, con el pelo sucio y revuelto, y parecía enfermo. Quizás había comprendido que su lucha por escapar en ese momento no tenía sentido, y debía esperar una mejor ocasión. Así que fijó su atención en los movimientos de las dos chicas.

-Bueno, ¿y ahora qué hacemos con este bicho?- preguntó Sila, a la que le empezaba a resultar incómoda y pesada la carga que colgaba de su mano.

-¿No te parece extraño todo esto? Nunca había visto ni oído de ningún gato perdido en el cosmos. ¿Vivirá aquí de siempre o de dónde puede venir?- comentó Xana, sin apartar su atención del animal-. ¡Eh, mira! Es como si nos quisiera decir algo.

El gato comenzó a emitir la misma melodía que habían oído antes y les había hecho emprender esta búsqueda. Al mismo tiempo comenzaron a recibir en sus mentes un mensaje, "ayudadme, ayudadme", aunque ninguna frase articulada podía oírse.

-¿Estáis bien? Por favor, respondedme-, oyeron preguntar a Roa.

-Sí, perfectamente, Roa. Oye, dinos, ¿has oído al gato?- preguntó Xana intrigada.

-He estado oyendo esa música casi todo el tiempo desde que llegasteis al asteroide. Ahora también la oigo- respondió su amigo.

-Pero, ¿no escuchas a alguien pidiendo ayuda?- continuó Sila.

Roa no percibía nada de eso desde Bontefró. Posiblemente ese mensaje no fuese audiovisual y el sistema no pudiese transmitirlo. El gato parecía haberse tranquilizado. Sin soltarlo para evitar su huida o un nuevo ataque, Sila lo apoyó sobre una pequeña elevación del suelo de la cueva. Las dos chicas sintieron claramente la mirada hipnotizante de aquel animal en sus ojos, a la vez que comenzaban a recibir un largo mensaje mental, un lenguaje dirigido directamente a sus mentes, que parecían estar ahora en otra dimensión. Nunca habían tenido una experiencia similar.

"Os hablo a vosotras. A vosotras que no sois como quienes

nos capturan y utilizan en Bontefró. Necesito vuestra ayuda. Necesito volver. Aquí no es posible sobrevivir mucho tiempo."

"¿Cómo es que estás en Gorgona?", quiso saber Xana.

"Escapé de aquel laboratorio donde experimentan con gatos, con nuestros cerebros. Cuando llegué al *cosmopuerto* una nave estaba a punto de partir. No advirtieron como me introducía y escondía en su interior. Temía volver a Bontefró, por eso cuando se detuvo en este asteroide, salté. Pero sin comida, agua ni casi oxígeno no puedo resistir más. Las últimas energías las he gastado atacándoos a vosotras. ¡Perdonadme!"

"¡Perdonado! Tu historia explica por qué atacaste para defenderte. Pero todavía no consigo comprenderlo. En Bontefró nos enseñan el respeto y cariño a los animales. ¿Quién puede estar experimentando con vuestros cerebros?"

"No conservo las imágenes de quienes nos capturaron y manipularon. Pero, precisamente gracias a este experimento que iniciaron conmigo, ahora puedo comunicarme mentalmente con vosotras, incluso puedo trasmitir las imágenes que veo o recuerdo a los seres con los que establezco comunicación."

En ese momento Sila y Xana empezaron a verse a ellas mismas, y la imagen se fue centrando en sus caras asombradas, para acabar penetrando en sus ojos centelleantes.

Minutos después la nave regresaba a Bontefró. Kaleo, el gato anaranjado, oculto entre el equipo de emergencia, también regresaba con ellas.

Capítulo 8

EN BUSCA DE AYUDA

Xana y Sila encontraron a Leno Anasfalis en el pasillo, a punto de entrar en una sala de profesores. Necesitaban confiarle su descubrimiento, tenían muchas dudas. No sabían en este caso si ellas debían hacer algo, o era la dirección del colegio la que debía actuar. El director, el señor Derpes Dicayo, había dicho: "A vuestro tutor, el señor Leno Anasfalis, deberéis acudir cuando tengáis dudas de cómo dirigir vuestros esfuerzos, os sintáis perdidos o necesitéis consejo." No cabía duda, Leno era la persona indicada.

-¡Hola!- les dijo sonriente al verlas llegar.

-¡Hola, Leno! contestaron casi a la vez las dos amigas. El aspecto de buena persona de su tutor, agradable y accesible, unido a que era el profesor más joven del colegio, hacían que lo sintieran cercano y capaz de comprenderlas fácilmente, capaz de ponerse en su lugar. Por eso no dudaron ni un instante en depositar toda su confianza en él, para dejar que fuera él quien decidiera lo que se debía hacer a continuación.

-Queríamos contarte una cosa, ¿podemos hablar contigo un momento?

-Sólo si sois breves. Me esperan unos profesores de la Universidad- respondió mirando el reloj.

-Seremos increíblemente breves, pero vas a alucinar con esta historia. Y aún queda mucho por averiguar- continuó Sila, mientras entraban y tomaban asiento en la sala.

La sala de profesores no era muy grande. Tenía una mesa redonda central de color gris, aparentemente lisa, pero que contenía bajo su superficie las pantallas de trabajo. Bastaba con presionar con los dedos en determinados lugares para que se elevaran y se pudiera operar con ellas. Las sillas también eran grises, el asiento tenía una consistencia firme pero confortable, y su forma se acoplaba automáticamente al tamaño y a las características anatómicas de quien lo ocupaba. Una luz difusa y suave procedente del techo iluminaba la sala. Las imágenes de las cuatro paredes simulaban un gran acuario rodeando la sala, con peces de muchos colores y tamaños nadando plácidamente. Era fácil sentirse relajado y a gusto allí dentro. Así cualquiera querría trabajar.

-Bueno, contadme qué os pasa.

-Alguien está capturando gatos y utilizándolos en experimentos- empezó a decir Sila un poco excitada-. No sabemos quién es, pero la cosa no puede quedarse así. Tenemos que ayudar a los pobres gatos.

-Lo que haya que hacer ya lo decidiré- interrumpió Leno, con el rostro serio. No le agradaba lo más mínimo el rumbo que había empezado a tomar la conversación-. Decidme, ¿por qué creéis eso? No he visto gatos en ningún laboratorio.

-Fuimos esta tarde a Gorgona, y encontramos un gato. Él nos

transmitió que provenía de Bontefró, y que le habían capturado y manipulado el cerebro hasta que consiguió escapar y llegar a ese asteroide- respondió Xana, que no ocultaba su preocupación.

-¿Tenéis explicación para algo tan extraño?- preguntó Leno pausadamente, dando la impresión de no acabar de creerse mucho lo que acababa de escuchar.

-Realmente, no. Por eso hemos venido a hablar contigo. Pero puede estar pasando algo grave. Hay que averiguar qué, para poder evitarlo...

Xana intentaba continuar para relatar con más detalle en que situación encontraron al gato, cómo les transmitió aquel mensaje y lo que les dijo. Pero Leno le interrumpió, mientras se levantaba y empezaba a dirigirse a la puerta, invitando con ello también a Xana y a Sila a abandonar la sala.

-Es posible. Lo siento, pero ahora debo irme. Además ya sabéis que debéis tratar todos los asuntos con Legui Dunasteo. Él es el delegado, tiene instrucciones de cómo actuar y me mantiene informado de todo. Este tema lo habláis con él. ¡Hasta mañana! Nos vemos en la clase de Biología.

Y diciendo esto desapareció por el pasillo, dejando a las chicas paradas sin saber como reaccionar.

Leno utilizaba animales de experimentación en el trabajo de investigación que estaba realizando. Pero eran clones de cobayas mutantes, expresamente producidos para esta finalidad. En el Sector Galáctico Gía Panta no estaba permitido utilizar animales naturales, y menos aún animales en libertad. Jamás infringiría una norma tan importante como esa, arriesgando su futuro si le descubrían. Lo que le acababan de contar no le había gustado nada. Si tenía algo de verdad, la investigación con animales en general, y la suya en particular, se podría poner en entredicho en Bontefró. Lo mejor era alejarse de todo esto, no fuera a salpicarle. Además, Legui era muy avispado, y le mantendría bien informado de todo. Así, tendría más margen de maniobra.

Las chicas no comprendían bien la reacción de Leno. ¿Por qué su tutor no había dado ninguna importancia a lo que le habían comenzado a contar? ¿Por qué ni siquiera había dejado que le contaran con detalle lo sucedido? ¿Tenían ellas una visión deformada de la realidad, y por eso le daban importancia a cosas que no la tenían?

-Bueno, ¿entonces vamos a hablar con Legui?- preguntó Xana a media voz después de un rato, cambiando la dirección de la mirada desde el lugar por donde se había ido Leno hacia Sila.

-¿Estás loca? Ese no es nada de fiar. ¡Que no esté metido él mismo en este lío! No me extrañaría un pelo.

-Creo que tienes razón. Vamos a la cocina, Ela ya debe haberle dado de comer al gato.

Y las dos amigas tomaron esa dirección.

Capítulo 9

BUSCANDO A LA FAMILIA DE KALEO

Ela Maias quería lavar al gato a toda costa. Después de darle de comer, el animal había recobrado su vitalidad y no estaba dispuesto a dejarse mojar. Pero con la ayuda de Roa y Jao consiguieron meterlo en la caja de higiene en la que habitualmente limpiaban a Pelos. Cuando entraban Xana y Sila en la zona de limpieza, junto a la cocina, Ela estaba sacando al gato de la caja y lo sostenía en lo alto.

-¿Veis qué guapo está ahora, todo limpio?- exclamó con expresión de triunfo.

-Pelos se va a poner celoso. Mirad qué cara pone. ¡Ven bonito! ¡Tú también eres muy guapo!- comentó Roa, y le hizo una carantoña al perro, que estaba a su lado.

-Parece otro, ¿no nos lo habrás cambiado?- dijo Sila cogiendo al gato, que seguía atento todo lo que sucedía-. Venga Ela, pásamelo. Yo también quiero tenerlo un poco.

-Contadnos qué os ha dicho Leno. Creíamos que vendría con vosotras, pero está claro que no. ¿Qué ha pasado?- preguntó Jao.

Xana y Sila contaron su encuentro con el tutor. Todos estaban decepcionados, porque esperaban más comprensión e implicación por su parte.

-Quizás debamos contárselo a Legui. Si Leno ha dicho que él es su interlocutor, y esa es su forma de trabajar, deberíamos hacerle caso- dijo Jao temiendo la reacción de los profesores si se desviaban de sus instrucciones.

-Pero ningún otro tutor lo hace así. Tratan de escuchar a todos sus alumnos, y no sólo al delegado. Encima, os dais cuenta de que Legui está formando su propia camarilla. Intenta controlarnos a todos, para estar seguro de que le va bien en el colegio. A nosotros no nos mira con buenos ojos, y me da la impresión de que seguirá sin hacerlo a no ser que entremos a formar parte de su grupo de incondicionales- comentó Xana.

Todos estuvieron de acuerdo con ella. Había que buscar otra solución.

-¿Y si habláis con la señora Seusa Prokino? Ella es muy buena gente- sugirió Ela.

-¡Imposible! Si se enterara que hemos parado en Gorgona y traído un gato de allí, no nos dejaría volver a salir solas-. Sila no estaba dispuesta a renunciar a esas escapadas. Seusa realmente era una buena persona, pero siempre se había mostrado muy recta y creían que no aceptaría ninguna desviación de las normas.

El gato, que aún seguía entre las manos de Sila, empezó a maullar. Parecía quererles decir algo. Todos se le quedaron mirando y empezaron a notar un mensaje en sus mentes: "Mi familia. Tengo que volver con mi familia."

-Hemos oído lo mismo, ¿no? Tiene que ir con su familia- decía asombrado Roa a sus amigos. Todos asintieron con un gesto.

-Parecía increíble cuando lo contabais, pero es cierto. Puede comunicarse con nosotros por telepatía- dijo Jao entusiasmado por la experiencia-. No podemos dejarlo ir solo, debemos acompañarlo. Su familia también puede tener problemas.

Todos estuvieron de acuerdo y ninguno de los cuatro amigos quiso dejar de ir en busca de la familia de Kaleo, el gato.

No encontraron a ningún otro gato en Bontefró, ni siquiera en los escondrijos adonde les guiaba Kaleo. Todos parecían haber desaparecido. Ya era tarde, la hora de retirarse, y los profesores les llamarían la atención si los veían vagando por las instalaciones del colegio. Decidieron que el lugar más seguro donde esconder a Kaleo era la cabina del grupo, en el laboratorio de Supervivencia. Sólo ellos cuatro, el tutor y la señora Seusa Prokino podían entrar allí.

Una extraña sensación despertó a medianoche a los cuatro amigos. Los maullidos de gatos dominaban sus sueños, y se hacían cada vez más agudos y penetrantes, hasta que les despertaron sobresaltados. Sin haberse puesto antes de acuerdo, se encontraron en el laboratorio de Supervivencia. La primera en llegar fue Xana, pero aún no había entrado en la cabina cuando aparecieron los demás. No se oía nada. Todo estaba en penumbra, con las débiles luces de señalización. La cabina estaba tal como la habían dejado el día anterior, con los materiales con los que estaban elaborando los cuatro proyectos de la prueba del curso en la misma situación de desorden en que los dejaron. Pero Kaleo no estaba dentro, ni había rastro de él.

No habían pasado más de unos pocos segundos cuando oyeron los maullidos. Salieron y vieron a Kaleo delante de la puerta de la cabina del grupo de Legui Dunasteo, Amós Bascano, Noi Baris, Puel Gliscón y Linda Blacos. Estaba arañando la puerta con sus dos patas delanteras. Pero los chicos no podían entrar en aquella cabina. Entonces Kaleo dio un gran salto, subió a una de las rendijas de ventilación de la cabina, y desapareció en su interior.

Entonces volvió la transmisión a sus mentes: podían ver claramente el interior de la cabina de sus compañeros. Más ordenada que la suya, con herramientas más sofisticadas. Debajo de un banco, en el suelo, y envueltos por una red que colgaba del propio banco, había cuatro gatos. No era posible oírlos, porque tenían amordazadas sus fauces. Debían formar parte de la familia de Kaleo, porque sus colores iban del blanco al anaranjado, y todos tenían los mismos ojos verdes y brillantes.

Entonces Roa intentó comunicarse con Kaleo para indicarle que debía morder la malla, y guiar a los animales hasta el exterior. Pareció comprenderlo, porque fue precisamente lo que hizo.

-Debemos sacarlos de aquí, podríamos llevarlos a nuestra cabina- sugirió Sila, mientras abrazaba a uno de los gatos tratando de tranquilizarlo.

-No, allí no estarían seguros. Legui y los suyos no tardarían mucho en descubrir por el sonido que los tenemos nosotros. Debemos sacarlos de Bontefró. ¿Qué os parece si los llevamos a Gorgona?- dijo Jao.

-Pero sólo hasta que se aclare todo esto- respondió Roa-. Para sobrevivir suficiente tiempo allí debemos darles esa comida especial de animales, que disminuye el metabolismo y hace que consuman poca energía y poco oxígeno. ¡Anda! También podríamos llevar aquellos cereales, los CLL717; les ayudará a alimentarse y a tener algo de oxígeno.

-Me parece muy buena idea. Mañana podemos salir Sila y yo en la nave. Se supone que Seusa nos ha dado permiso para navegar. Pero a lo mejor necesitamos vuestra ayuda para meter disimuladamente a todos estos gatos dentro de la nave- comentó Xana.

Todos estuvieron de acuerdo. Entonces Xana trató de comunicarse con Kaleo para darle a conocer los planes. Era increíble lo fluida que era la comunicación entre ellos, sin pronunciar una sola palabra. También los gatos estaban de acuerdo, aunque no les agradaba la idea de abandonar la plataforma en la que siempre habían vivido.

Capítulo 10

LA INVESTIGACIÓN

Ya era habitual que Legui Dunasteo pusiera al día al tutor de los asuntos de la clase mientras estaba en el laboratorio de Biología. Al principio fue algo casual. Leno tenía que hablar con él y estar pendiente del resultado de una reacción química, así que aprovechó el largo tiempo de espera en el laboratorio para tratar con el delegado. La experiencia le resultó cómoda y eficaz, de modo que poco a poco Legui se fue convirtiendo también en su ayudante del trabajo de investigación.

Su proyecto consistía en hacer que animales de pequeño tamaño, como ratones y cobayas, tuviesen la capacidad de transmitir imágenes y sonidos a distancia. Eso permitiría poderlos utilizar en la investigación de lugares donde los hombres tenían dificultades para llegar. Trataba de estimular determinados neurotransmisores en los centros cerebrales de la visión y de la audición, para producir la emisión de ondas que pudieran captarse a distancia.

En medio del laboratorio estaban instalados dos grandes bancos de color blanco. Rodeando toda la sala había unas estanterías, también blancas, que llegaban hasta el techo. Estaban repletas de aparatos y de recipientes con productos químicos y biológicos, pero lo que más llamaba la atención eran tres grandes cajas transparentes con varios cobayas, que no paraban de moverse.

En uno de los bancos Leno iba a inyectar a un cobaya la mezcla que había estado preparando meticulosamente los días anteriores. Había dosificado la cantidad exacta que quería administrarle en la jeringuilla que sostenía en la mano. Mientras, Legui colocaba al animal boca abajo y le sujetaba bien de las cuatro patas para impedirle todo movimiento. El líquido debía entrar por el espacio epidural y, a través del líquido cefalorraquídeo, llegar hasta los centros cerebrales de la visión y la audición. Leno era un experto, y el animal prácticamente no notó la inyección. Conectaron el monitor que mostraba el funcionamiento cerebral del cobaya, y también un dispositivo para recoger las transmisiones de ese cerebro en una pantalla y un reproductor de sonido. Era de esperar que la mezcla tardara en hacer efecto varios minutos. En la pantalla, se dibujaba perfectamente la imagen del cerebro del animal, en colores azules, verdes y amarillos.

-Por ahora todo va bien esta vez. Aflójale un poco las sujeciones para que no se haga daño, y ten preparada la imagen de la espiral y del arco iris. Espero poder grabar hoy algún resultado. El otro día parecía que se transmitía algo, pero no entiendo por qué no se grabó absolutamente nada. Dentro de dos semanas tengo que ir a la universidad, y me gustaría llevar ya resultados- comentaba Leno, al que se notaba tranquilo y confiado.

-Descuida, estaremos todo el tiempo que haga falta hasta conseguirlo. Además, he estado hablando con mi primo Luo

Dunasteo. Ahora él es el decano de la universidad. Me ha dicho que si necesito más recursos para investigar aquí, puedo contar con su ayuda-. Legui era hábil en establecer relaciones útiles.

-Por cierto, ayer vinieron a verme Sila Asmena y Xana Nous, y me empezaron a contar una historia extraña de gatos capturados para investigar, que habían encontrado en Gorgona. ¿Sabes tú algo de eso?

-¿Gatos en Gorgona?- dijo con extrañeza Legui, mientras aflojaba las ataduras del cobaya.

-Les dije que te lo contaran a ti, pero ya veo que no me han hecho caso- comentó Leno algo disgustado.

-Esas chicas van demasiado de por libre, y cualquier día armarán una de la que saldremos todos esquilados. Me encargaré de ponerlas a raya, si tú me dejas, claro- contestó en tono de humildad. Las cosas no podían ir mejor para Legui, estaba consiguiendo poco a poco dominar a todos los alumnos de la clase con el consentimiento de su tutor.

-Está bien. Pero entérate del asunto ese de que se utilizan gatos en investigación.

-Hoy mismo tendrás esa información sin falta, pero quizás para conseguirla me vendría bien que me autorizases a navegar con Puel Gliscón hasta Gorgona- aseguró el chico, y luego prosiguió en tono algo jocoso-. Los gatos no sirven para nada, sólo molestan. El que haya tenido la idea de darles alguna utilidad, aunque sea como animales de experimentación, debe ser un tipo listo.

Leno le miró sorprendido por lo que acababa de escuchar, pero pronto pensó que quizás Legui no andaba tan desencaminado. Realmente los gatos eran unos animales algo antipáticos que iban siempre a la suya, más bien molestos y que, además, no proporcionaban ningún alimento. Al acabar el experimento de esa mañana iría sin falta al *cosmopuerto*, para facilitarle a Legui sus averiguaciones.

Las imágenes del cerebro del cobaya empezaron a cambiar apareciendo colores naranjas y rojos, especialmente en la parte posterior y media. Legui colocó la cabeza del animal de tal forma que le obligaba a mantener su mirada fija en un cartel con el dibujo de una espiral negra sobre un fondo blanco. El profesor observaba con atención los cambios en las imágenes cerebrales, pero sobre todo esperaba las imágenes que debían aparecer en la pantalla recogiendo lo que veía el animal.

-No lo entiendo. Es como si emitiera algún tipo de ondas, se nota en el ambiente, pero en la pantalla sólo se recogen luces y sombras difusas, ninguna imagen. ¿Se te ocurre algo?- comentó Leno decepcionado mirando la pantalla.

-Yo no noto absolutamente nada. A lo mejor el cobaya no está bastante despierto. Voy a hacer ruido a su lado con el tambor, a ver si se despabila del todo, y de paso vemos si funciona mejor la transmisión del sonido que la de la imagen.

Y acto seguido Legui empezó a aporrear el instrumento de tal forma que su profesor tuvo que taparse los oídos y le hizo parar.

Tampoco aquel día consiguió Leno Anasfalis lo que se proponía. Pero Legui había obtenido una pista decisiva para averiguar quienes habían liberado a los gatos de su cabina, y además tenía el permiso para navegar hasta Gorgona, interrogar a esas dos chicas y sembrar dudas sobre ellas.

Capítulo 11

REGRESO A GORGONA

Aquel día la señora Seusa Prokino había salido de viaje a la urbe, razón por la que Xana y Sila no pudieron pedirle permiso para utilizar la nave de paseo. Tuvieron que camelarse al controlador del *cosmopuerto* y convencerle de que estaban autorizadas para hacerlo, argumentando que la profesora no había tenido tiempo de enviar el permiso, pero sí lo había dado el día anterior. Sin embargo, las reglas no decían exactamente eso, sino que en situaciones excepcionales como la suya, dos alumnas de Primero, cada paseo requería una autorización expresa.

Aún más complicado fue distraer al controlador mientras los cinco gatos, uno tras otro, atravesaban la pista del *cosmopuerto* y se introducían en la nave. De esta tarea de distracción se encargó Sila, haciendo todas las preguntas inimaginables sobre los datos que aparecían en las pantallas de la torre de control: el estado de la capa gaseosa y la membrana líquida exterior de la plataforma, el estado del cosmos, meteoritos, niveles de contaminación espacial y demás. Poco después Xana, agitando el brazo a modo de señal, le dio a entender a su amiga que todo estaba ya preparado para la salida. Sila, tras dar las gracias al controlador y despedirse, corrió hasta la nave. En un extremo del *cosmopuerto*, desapercibidos para la mayoría, estaban Roa y Jao ayudando y observándolo todo.

Aquella tarde la navegación tenía un sabor especial. Dejaron atrás Bontefró, con su aspecto de pompa de jabón suspendida en el aire. Sentían la amplitud del espacio, como si fuesen pájaros enjaulados que por fin pueden volar. Pero no olvidaban su gran responsabilidad, el motivo de la escapada a Gorgona. Los gatos, juntos en la parte posterior de la cabina, parecían percibir que el peligro aún no había desaparecido. Permanecían quietos, expectantes, con esporádicos intercambios de lamidos y caricias entre ellos.

El tráfico espacial no era denso, se cruzaron con pocas naves en su recorrido. La única dificultad fue tener que sortear dos meteoritos, pero afortunadamente no tuvieron problemas. En pocos minutos la nave se posaba en Gorgona.

Kaleo les condujo a todos, gatos y chicas, hasta la cueva que tiempo atrás le había dado cobijo. La escasa gravedad, que hacía del caminar una experiencia cercana al sueño, agradó a los gatos que por primera vez pisaban el asteroide. Xana y Sila llevaban los bolsillos repletos de granos de cereal CLL717, y en sus mochilas transportaban agua y una campana plegable. Junto a la entrada de la cueva montaron la campana, a modo de pequeño invernadero, creando de esta forma un pequeño ecosistema con la ayuda de las plantas, que proporcionarían oxígeno y alimento. También llevaban la comida especial para gatos que les había dado Ela, capaz de disminuir el consumo de energía y oxígeno mientras permanecieran en el asteroide.

Todo parecía ir a la perfección cuando, de forma completamente inesperada, vieron posarse otra nave junto a la suya. Jao y Roa no tenían permiso para navegar, no podían ser ellos. Pero sólo ellos dos, Ela Maias y Leno Anasfalis sabían de su visita anterior a Gorgona. Pronto salieron de dudas. Enfundados en sus trajes espaciales, Legui y Puel, pusieron pie en el asteroide y se dirigieron hacia la cueva.

"¡Son ellos! Vuelven a por nosotros", sintieron las chicas que les transmitía Kaleo en sus mentes.

"Sí, pero ahora no estáis solos. Esperemos a ver", les transmitió a su vez Xana.

Kaleo debió de comunicarse con los otros cuatro gatos, porque cambiaron de posición, colocándose dos al lado de una de las chicas, y los otros dos al lado de la otra, mientras el propio Kaleo ocupaba el centro.

-¡Vaya, vaya! ¿No os alegráis de ver aquí a vuestro delegado, que tanto se preocupa por vosotras?- comenzó a decir irónicamente Legui cuando estaban a pocos pasos. Las chicas permanecían en guardia al frente. Era tan evidente que no se alegraban en absoluto, que sin esperar respuesta prosiguió, después de mirar con atención a Kaleo-. ¡Anda, además este gato! Oye, Puel, ¿no es este nuestro gato? ¿el que se nos perdió el otro día?

-Sin duda. Es nuestro querido gato. ¡Cuánto os agradecemos que lo hayáis encontrado y cuidado! Ahora nos lo debemos llevar, a él y a todos sus compañeros también. Solo se sentiría triste, y no queremos que sufra- se apresuró a responder Puel, sin atreverse todavía a avanzar. Puel estaba muy satisfecho de que el grupo de alumnos de la urbe le hubiera aceptado, se sentía más importante y con un futuro más prometedor. Debía seguir fielmente lo que Legui le indicara.

-Mejor no me contéis cómo habéis llegado hasta aquí y estáis con estos animales. Debe ser terriblemente complicado de explicar, especialmente ante los profesores. Lo mismo que explicar cómo es posible que dos alumnas de Primero hayan navegado por el espacio sin permiso, hayan descendido en Gorgona también sin permiso, y hayan sacado animales libres de Bontefró. Pero no os preocupéis, yo me encargo de los gatos, y todo quedará olvidado-. Y diciendo esto, Legui hizo un ademán para que Puel cogiera a Kaleo.

-Sinvergüenza, ¿cómo te atreves a decir algo así? Cazador de gatos, torturador de animales- dijo Sila indignada. Hubiera saltado encima de Legui si no le hubiera parado Xana, que no quería que su amiga acabara destrozada. La fuerza de Legui era muy superior a la suya.

La respuesta de Kaleo al primer paso de Puel fue instantánea, transmitió a los demás gatos la señal de atacar, y también él mismo saltó sobre el chaval. En pocos segundos los mordiscos y arañazos empezaron a resquebrajar el traje espacial de Puel, que no conseguía quitarse a los animales de encima y gritaba pidiendo auxilio. Ni Legui ni las chicas acudieron en su ayuda. Cuando ya resultaba evidente que de continuar el ataque acabaría lesionado, Xana transmitió a Kaleo que se detuvieran, que ya era suficiente.

Los animales se retiraron, pero permanecieron en posición de alerta. El estado del traje de Puel era lamentable, y unas gotas de sangre caían de su mejilla.

-Me parece que no os habéis dado cuenta de dónde os estáis

metiendo. Ahora nos vamos, pero esto no ha acabado-. Y dando media vuelta Legui volvió a su nave, acompañado de su incondicional Puel.

-Efectivamente, no ha acabado- contestó Xana a media voz.

Capítulo 12

SCHEREZADE

Estaba nerviosa, ¡no era para menos! Era la primera vez que Xana Nous se subía a la tarima y leía un fragmento del libro que ella misma había escogido: "Las Mil y Una Noches." Creía en el poder de las historias, de la imaginación, de los sueños, y nada mejor para ilustrarlo que aquel antiquísimo cuento. Al recorrer con la mirada la gran sala circular, daba la impresión de que nadie estaba pendiente de ella, sólo sus amigos a lo lejos le enviaban gestos de ánimo. El desayuno era el gran atractivo de estas primera horas del día, y la lectura que le acompañaba parecía simplemente una circunstancia añadida. Sin embargo, resultaba curioso que conforme pasaban los días, la mayoría de alumnos saboreaba con igual intensidad alimento y lectura.

-Hoy voy a contaros la historia de Scherezade y el rey Sahriyar. Con ella empiezan "Las Mil y Una Noches":

Desde hacía tres años el rey Sahriyar tomaba todas las noches a una joven por esposa y al día siguiente la mataba. Las gentes estaban desesperadas y huían con sus hijas, hasta tal punto que no quedó en aquella ciudad ni una sola muchacha que pudiera soportar el asalto. Un día el rey mandó a su visir que le llevase una joven para poseerla según era su costumbre. El visir salió y buscó, pero no encontró ninguna. Este visir tenía dos hijas, ambas muy hermosas. La mayor se llamaba Scherezade, y viendo a su padre descompuesto, preocupado y afligido, le pidió que le casara con el rey. En la primera noche Scherezade pidió al rey que viniera su hermana pequeña para poder despedirse de ella. Cuando estuvo allí ésta le pidió que le contara una historia. Como quiera que el rey también estaba desvelado, se alegró y se dispuso a escuchar el relato. Scherezade así lo hizo, pero no lo había concluido cuando se dio cuenta de que había llegado la madrugada y cortó el relato que le había sido permitido. Su hermana le dijo:

-¡Qué hermosa, que bella, dulce y agradable es esta historia!

-Pues esto no es nada -contestó- en comparación con lo que os contaré la próxima noche, si vivo y el rey me permite quedarme.

El soberano se dijo: "¡Por Dios! ¡No la mataré hasta haber oído el resto de su historia!"

La siguiente noche Scherezade prosiguió el relato, pero no lo había concluido cuando llegó la madrugada. El rey Sahriyar se dijo. "¡Por Dios que no la he de matar hasta oír el resto de su historia, puesto que es admirable".

Así pasaron, una tras otra, mil y una noches. Durante ese periodo, Scherezade había dado al rey tres hijos. Al terminar la última historia le pidió que le trajeran a sus hijos. Entonces los cogió y los colocó ante el rey, besó el suelo y dijo: "¡Rey del tiempo! Estos son tus hijos. Te pido que me dejes vivir en atención a estas criaturas. Si me matas, estos niños quedaran sin madre y no en-

contrarás una mujer que los eduque como se debe". El rey se puso a llorar y estrechó a sus hijos contra el pecho. Dijo: "Scherezade. Ya te había perdonado mucho antes de que viniesen estos niños, pues he comprobado que eres casta, pura, noble y digna. ¡Que Dios te bendiga a ti, a tu padre, a tu madre, a tus antepasados y a tus descendientes! Dios es testigo de que yo te libraré de cualquier cosa que pueda disgustarte". La alegría se propagó por el palacio y se difundió por toda la ciudad. Fue una noche que no se cuenta entre las terrenales, y más radiante que la luz diurna."

Contando historias el tiempo de espera se hacía más corto, más llevadero. Por eso, todos los días los cuatro amigos tenían preparado algo para contarle a Kaleo, cuando se comunicaban con él en la distancia. Habían establecido una especie de ritual que no dejaban de completar ningún día, desde que dejaron a los gatos en el asteroide Gorgona.

Legui había desvelado al tutor y a la señora Seusa Prokino que Sila y Xana habían navegado sin autorización, lo que inmediatamente provocó una penalización académica y la imposibilidad de volver a abandonar Bontefró.

Al principio no acababan de entender por qué no les había acusado también de llevarse a los gatos fuera de la plataforma, pues eso suponía una infracción a las normas mucho más grave que navegar sin autorización, habiéndola tenido para un día antes. Incluso llegaron a pensar que la razón era un trocito de buen corazón que aún le quedaba a Legui. Pero bastaron un par de días para que se dieran cuenta de las siniestras intenciones de su compañero: sin viajes a Gorgona, es decir, sin ayuda, los gatos estaban sentenciados a morir en el plazo de pocas semanas. Lo delataban las miradas que les lanzaban cuando se cruzaban con ellas, entre amenazadoras, despreciativas y burlonas.

Ahora donde los cuatro amigos solían pasar más tiempo fuera del horario de clases era en su cabina del laboratorio de Supervivencia, ya que se aproximaba la fecha en que tendrían que navegar con sus artefactos. Además, allí se sentían seguros, fuera del control de Legui y los suyos.

Estaban sentados en sus taburetes, formando un círculo, con las manos enlazadas, dispuestos para entrar en contacto con Kaleo. Realmente no era necesario tener las manos entrelazadas, pero de esta forma se sentían más unidos y fuertes. Hoy tenían una buena noticia para darle.

-Hola Kaleo, ¿nos escuchas?- empezó a decir y transmitir Sila.

-Sí, perfectamente- fue la respuesta.

-¿Cómo estáis todos?- se interesó Xana.

-De momento bien. Pero se nos está acabando el agua, y ya hemos tenido que empezar a comer los frutos de esa planta que sembrasteis, porque no queda comida especial.

-Bueno, pues hoy no te vamos a relatar nada de lo que pasa por aquí, pero tenemos algo mejor que contarte- empezó a decir Roa-. Mañana tenemos un ensayo con las naves que estamos construyendo para la prueba del curso. Si todo va bien cada uno de nosotros pondrá en marcha su nave y puede probar a navegar un rato, incluso por el espacio exterior.

-Eso significa que hay cuatro oportunidades de que una de nuestras naves funcione, y llegue hasta vosotros para llevaros provisiones- prosiguió Jao.

-Eso es estupendo. Pero no traigáis nada. Volveremos con vosotros.

-Es peligroso volver. Aquí no estáis seguros, os pueden volver a capturar y no sabemos que harían con vosotros- replicó Xana.

-Aquí tampoco estamos del todo seguros. Y además el agua, el oxígeno y la comida se pueden acabar cualquier día- fue la respuesta del gato.

Tenía razón. En estos días no habían conseguido averiguar gran cosa que les pudiese ayudar a poner al descubierto a los captores de gatos. Tampoco tenían ninguna prueba de cómo ni dónde Xana y Sila habían encontrado a Kaleo, ni de qué los otros gatos estaban encerrados en la cabina de Legui y sus amigos. Es más, todos los datos apuntaban en contra de las dos chicas. Por eso, lo único que se les había ocurrido era esperar a que llegara el día de regresar a los poblados, y llevar con ellos a los gatos. Allí serían bien recibidos. Mientras tanto debían aguantar escondidos.

Capítulo 13

EL PRIMER ENSAYO

La organización del colegio había dispuesto que todo estuviera preparado a media mañana en el *cosmopuerto* para los veinticuatro alumnos de Primero C. El objetivo de la jornada era valorar el funcionamiento de las naves que estaban reparando. Al lado de cada una de ellas había una caja con el nombre del alumno correspondiente, materiales diversos y un traje de navegación espacial.

Los chicos llegaron al *cosmopuerto* en grupo, acompañados de la señora Seusa Prokino y del señor Leno

Anasfalis. Estaban inquietos y contentos a la vez. No llevaban puesta la túnica, sino sólo la camiseta y los pantalones amarillo ocre, encima de los que se colocarían el traje espacial más tarde. Las naves de Xana, Sila, Roa y Jao estaban próximas entre si, como era de esperar por pertenecer al mismo grupo.

-¡Un momento de silencio, por favor!- pedía la profesora, alzando la voz sobre el murmullo general, hasta que todos se callaron-. Ahora podréis poner en acción una de las partes más importantes de la prueba: hacer que la nave funcione. Podéis tomaros el tiempo que os haga falta. Pero ya sabéis que cuanto más tiempo uséis, más tiempo de autonomía necesitaréis en la prueba final. Así, como casi siempre, el tiempo es oro, pero sin olvidar que lo fundamental es hacer bien las cosas. El señor Leno Anasfalis y yo estaremos todo el rato por aquí, para que nos podáis consultar cuando lo necesitéis. Mañana recibirá cada uno de vosotros la calificación de esta jornada en su libreta electrónica.

Todos los chicos se pusieron manos a la obra. Habían estado trabajando en esto durante más de dos meses, y ninguno esperaba fallar.

La nave de Roa Odis tenía una avería en el panel de mandos que impedía pilotarla desde el interior. Requería una reprogramación de todo el sistema operativo. Ni él ni sus amigos habían encontrado otra solución mejor. Pero resolver este tipo de problemas era una de las aficiones favoritas de Roa y no se le iba a resistir, con tal de disponer del tiempo suficiente, al menos unas cuatro horas.

La nave de Sila Asmena estaba dañada en la parte inferior del casco. Tendría que proporcionarle una cubierta resistente, que no dejara escapar el contenido de la nave durante la navegación.

Entre los materiales incluidos en su caja, supuestamente materiales que podría encontrar en el asteroide, estaban unos polvos amarillentos y otros blancos. Cuando se disolvían en la proporción correcta con el combustible de la nave, que podía extraer del depósito, se formaba una masa blanda y pegajosa, que a los pocos minutos se solidificaba. Con la ayuda de sus compañeros, y tras múltiples averiguaciones y pruebas había conseguido hacer la mezcla perfecta, con la que recubrir el casco de la nave con cuidado y dejarla lista para navegar.

En la nave de Jao Sinozos una avería había producido la pérdida del combustible. La única energía que podía obtener en el espacio era la luminosa, y necesitaba algún elemento capaz de convertirla en energía cinética. Uno de los materiales disponibles tenía la propiedad de transformar con gran eficacia la luz en electricidad. Con él recubrió toda la cubierta de la nave, a la que antes había colocado láminas metálicas que transmitirían la electricidad hasta el motor. Así podría volver a funcionar, aunque a menor velocidad de lo habitual.

Para solucionar la avería en la generación de oxígeno de la nave de Xana Nous fueron útiles las semillas de CLL717. Tenía el agua suficiente para hacerlas crecer. Las colocó estratégicamente junto a los grandes ventanales para que recibieran la suficiente luz, y pudieran producir el oxígeno necesario para respirar.

Así pues, todo estaba pensado. Sólo era necesario ponerlo en práctica. Leno se acercó y observó los avances en la nave de Sila. Parecía contento con lo que veía.

-¿Te gusta cómo me está quedando? ¿A que promete?- le dijo Sila bromeando, con el convencimiento de que no iba a tener problemas.

-Promete, sí- fue la respuesta sonriente de Leno-. Pero hay que verla volar, recuerda.

-Volará, no lo dudes, todo lo lejos que queramos- respondió Sila, que se mostraba contenta con lo que estaba consiguiendo.

-No tan lejos. Sabéis que no podéis salir de la membrana líquida de Bontefró, ni tú ni Xana Nous, hasta que la junta de profesores levante la prohibición.

Aunque Leno intentaba seguir siendo agradable, se puso un poco tenso al decir esto.

-¡Pero, si hoy es el ensayo de la prueba! Por favor, déjanos salir y navegar por el espacio exterior, para ver si funciona todo bien - dijo Sila suplicante; súplica a la que se sumaron sus amigos.

-No, lo siento.

Leno lo había hablado el día anterior con el delegado, y éste le había convencido de que debía ser firme en la penalización a las chicas y bajo ningún concepto dejarles navegar.

Ahora resultaba imprescindible que Roa o Jao acabaran la prueba con éxito y llegaran a Gorgona. Kaleo y los otros gatos estaban esperándolos con impaciencia.

Sólo cuatro de todas las naves no consiguieron despegar. Xana y Sila acompañaron a las dieciocho restantes hasta la membrana exterior de la plataforma, y desearon con todo su corazón que Roa y Jao pudieran realizar sin problemas su cometido.

Capítulo 14

COMUNICARSE ES COSA DE DOS

En el *cosmopuerto* Xana y Sila esperaban impacientes ver llegar a sus compañeros. También la señora Seusa Prokino, el señor Leno Anasfalis y algunos alumnos estaban en la explanada. Las naves fueron regresando una tras otra. Las de Roa y Jao hicieron su aparición en último lugar.

Se podía decir que la jornada había concluido, y que todos iban a retirarse a descansar, cuando algo llamó la atención de Seusa. Era un gato blanco que salía de la nave de Jao, y corría por la explanada en dirección a los edificios del colegio. Sin decir una palabra, la profesora se dirigió a esa nave. Nada más llegar y asomarse a su interior, otros cuatro gatos de pelaje entre blanco y anaranjado salieron velozmente en la misma dirección que el primero. Tras el susto inicial, la profesora llamó a Jao.

Detrás de él, acudieron Roa, Xana, Sila, el tutor y el delegado.

-Todos lo hemos visto, Jao. ¿Quieres ahora explicarnos qué

estaban haciendo esos gatos en tu nave? ¿De dónde los has sacado?- empezó a preguntar Seusa.

-Son unos gatos amigos, que me acompañaban.

Eso fue lo único que se le ocurrió decir a Jao. Era tan evidente que eso no explicaba nada, y que la profesora no se conformaría con esa respuesta que decidió decir la verdad:

-Esta bien. Estaban en el asteroide Gorgona y los he traído aquí para que no se muriesen.

-¿Estaban en el asteroide Gorgona? ¿Cómo pueden estar unos gatos en el asteroide Gorgona? ¿Quién los ha podido llevar allí?, y ¿cómo sabías que estaban ahí?

-No sé. Pero al pasar con la nave cerca del asteroide, los he visto, y he pensado que debía traerlos-. Jao no quería desvelar a sus amigas.

-No mientas, Jao- interrumpió Legui-. Ni tú ni Roa los habéis podido llevar allí, porque nunca habéis salido solos de Bontefró. Pero deberíamos preguntarles a vuestras amigas, a Sila y Xana ¿Qué decís vosotras?

-Es cierto que tenemos algo que ver con esto. Nosotras los llevamos allí. Pero la razón era... - empezó a decir Xana, cuando Legui la interrumpió.

-Por fin habéis confesado. Ya está claro el por qué de vuestras escapadas sin permiso. ¡Pobres gatos! ¡Poniendo su vida en peligro!

-Debemos informar de esto al director. Es un hecho grave. Xana Nous y Sila Asmena, id a vuestras habitaciones y estad preparadas por si os llamamos. Y tú también Jao- ordenó Leno.

-¡Pero si todo esto es culpa de Legui! ¿Cómo es posible...?- protestó Sila.

-Mejor no sigas hablando, que aún puedes empeorar más las cosas- le advirtió Leno.

La señora Seusa Prokino aún no veía claro todo este asunto. Efectivamente se trataba de un hecho grave, que había que esclarecer. No confiaba demasiado en el inexperto señor Leno Anasfalis, pero sí en el director, el señor Derpes Dicayo. Siempre había sido una persona ecuánime, prudente y bondadosa. Por eso fue a consultarle, acompañada de Leno.

En el despacho del director se respiraba tranquilidad. Desde sus amplios ventanales podía verse el complejo del colegio en toda su extensión. Sentados alrededor de la mesa oval, Derpes escuchó con atención a Seusa y Leno relatar lo sucedido. Evidentemente quedaban muchas cosas por aclarar. Hicieron llamar a Sila y a Xana, que llegaron juntas al poco tiempo.

-Bueno, parece que vosotras habéis llevado a unos gatos al asteroide Gorgona. ¿Es así?- preguntó el director, a lo que ambas asintieron-. ¿Cuál es la explicación a eso?

-Esos gatos habían sido capturados y teníamos que ponerlos a salvo. Nos pareció que el lugar más seguro era ese asteroide, que fue donde antes encontramos a Kaleo- dijo Sila.

-¡Más despacio, por favor! Me parece que para hacernos una idea correcta de lo que ha pasado, tendréis que empezar a contarlo todo despacio desde el principio- e invitó a las chicas a relatar todo lo sucedido.

Xana y Sila contaron su historia desde el viaje en que escucharon la llamada misteriosa de Kaleo, su encuentro en Gorgona, la búsqueda de los otros gatos, y las razones de por qué los llevaron al asteroide y volvieron a por ellos. Los profesores seguían el relato con interés. Sin embargo, había algunos aspectos que les costaba creer: un gato que se comunicaba mentalmente, cuatro gatos capturados en la cabina del grupo de Legui, el delegado.

Hicieron llamar a Legui, para que corroborase lo que habían explicado sus compañeras. También a Jao y a Roa, que habían participado en la supuesta liberación de los gatos y su retorno a Bontefró.

Xana se dio cuenta de que necesitaban la ayuda de Kaleo. Sabía que acudir al despacho del director supondría un riesgo para su gato amigo, pero él era su única prueba de que lo que contaban era cierto. Le llamó mentalmente. No recibía ninguna respuesta, quizás ahora no podía ponerse en contacto con ella.

Legui no tardó en hacer su entrada en la sala. Parecía saber que le iban a llamar. Con su aspecto algo arrogante, mostraba la misma seguridad de siempre.

-Nos han dicho tus compañeras que vuestro grupo tenía cuatro gatos en la cabina del laboratorio de Supervivencia. ¿Qué nos dices de eso?- preguntó el señor Derpes Dicayo a Legui, cuando éste ya había tomado asiento junto a la mesa.

-Eso es sólo una mentira. Que yo sepa, nadie más ha dicho nunca que los viera o que oyera sonido de gatos en nuestra cabina. Esas chicas no saben lo que inventarse para que no las castiguen, pero es terrible que encima intenten echar la culpa a sus compañeros. Además, ¿para qué íbamos nosotros a querer gatos?- fue la respuesta de Legui, que se mostraba entre triste y ofendido.

-Quizás en esa pregunta esté la respuesta a todo. Dinos la verdad de una vez, ¡venga!- se atrevió a decir Sila.

La mirada de Legui a la chica hubiera podido hacer temblar al más valiente. Pero no respondió, simplemente dejó que lo defendiera Leno, que se había apresurado a hacer callar a Sila.

-Aquí sólo debes hablar cuando te pregunten. Estás ante el director.

-Está bien, Sila- intervino Derpes-. ¿Sabes tú para qué querían los gatos?

-Kaleo nos dijo que experimentaban con sus cerebros. No sé más- dijo Sila con decisión, aunque sabía que eso no lo explicaba todo, ni mucho menos.

-Pero no nos habéis contado que encontrarais ninguna señal de experimentación con ellos, ¿no es así?- prosiguió la señora Seusa Prokino.

-No sé- respondió ahora Xana-. Quizás la capacidad de Kaleo para comunicarse mentalmente tenga que ver con algún experimento.

Los profesores no se acababan de creer que un gato pudiese comunicarse mentalmente con ellas. Sin embargo, la expresión de la cara de Legui cambió por unos instantes, parecía haberse dado cuenta de algo esencial.

Después de unos segundos Derpes preguntó al tutor:

-Leno, tú eres especialista en Biología Galáctica, ¿sabes si existe alguna línea de experimentación relacionada con la comunicación en animales?

-Sí existen, pero hasta este momento ninguna ha dado resultados. Precisamente mi proyecto de investigación trata sobre la transmisión de imágenes y sonidos por cobayas.

Leno empezaba a mostrar un cierto entusiasmo. No en balde se estaba hablando de algo a lo que él estaba dedicando gran parte de su tiempo y esfuerzo. Continuó diciendo:

-Sin embargo, aunque somos capaces de producir una actividad intensa en los centros cerebrales específicos, no conseguimos captar ninguna transmisión. Hemos pasado horas y horas en el laboratorio tratando de recibir una imagen o un sonido definido, pero no lo hemos conseguido. Ni Legui ni yo percibimos nada evidente, ni conseguimos ninguna grabación.

-¿Legui?- preguntó Derpes.

-¡Oh, sí! Legui me ayuda en mis investigaciones. Además de ser un excelente delegado, es también un excelente ayudante en el laboratorio. Es una gran suerte poder contar con él en este curso-. Y diciendo esto dirigió una mirada sonriente hacia el delegado, que también sonreía satisfecho.

-Eso está muy bien, Legui. Entonces te gusta la Biología Galáctica, ¿no?- preguntó ahora el director a Legui.

-Sí, mucho. Pero sobre todo, lo que más me llena, es poder ayudar a mis compañeros y a mi tutor- afirmó Legui en tono de humildad.

En ese momento unos sonidos procedentes de la puerta llamaron la atención de todos. Cuando Leno la abrió para ver que había detrás, un gato anaranjado entró rápidamente y se subió encima de Xana. Era Kaleo.

-Éste debe ser el famoso gato parlanchín, ¿no, Xana?- preguntó el director.

-Sí, es Kaleo. Viene a decirnos algo.

Xana miró a Kaleo mientras le acariciaba, y mentalmente, sin hablar, le pidió que les contara a todos los presentes su historia.

Kaleo se subió encima de la mesa y miró, uno tras otro, a todos los que allí estaban sentados: al señor Derpes Dicayo, que esperaba intrigado lo que sucedería a continuación, igual que la señora Seusa

Prokino y el señor Leno Anasfalis. Con Sila, Jao y Roa intercambió brevemente miradas de complicidad. El odio era manifiesto en los ojos de Legui, a él no iba a transmitirle nada. En sus mentes fueron apareciendo las imágenes y los sonidos de la historia de Kaleo, desde que consiguió escapar del laboratorio en el que lo habían sometido a un experimento, viajó de polizón a Gorgona, luchó contra Sila y Xana, regresó a la plataforma, ayudó a rescatar a su familia de gatos, su segundo destierro en el asteroide, la visita de Legui y Puel y su regreso a Bontefró.

Todos seguían ensimismados la transmisión. Todos menos Legui, que los miraba sin entender nada. Para él todo seguía igual, con aquel estúpido gato encima de la mesa, que parecía haber hipnotizado a todos menos a él.

-Ha sido una experiencia increíble. ¿Por qué no se lo habíais contado antes a vuestro tutor o a la señora Seusa Prokino?- quiso saber el director.

-Fuimos a hablar con el señor Leno Anasfalis, pero no nos

dejó contárselo y nos envió a hablar con Legui. Evidentemente, no lo hicimos- respondió Xana.

Todos miraron a Leno, que empezaba a comprender el grave error que había cometido, dejando en manos de una persona que no era digna de confianza algo tan importante como la relación con los alumnos. Con seguridad, el director trataría luego de este tema con él a solas.

-Bueno, Legui, sin duda todos estamos esperando a que nos cuentes algo. ¿Cómo has conseguido algo tan maravilloso? ¿Qué le hiciste a Kaleo? Por favor, cuéntanos todos los detalles.

Ante estas insospechadas palabras del director, Legui pensó que era poco menos que un genio, y todo orgulloso empezó a relatar.

-La idea se me ocurrió ayudando en la investigación de la comunicación con cobayas. La mezcla catalizadora de los centros cerebrales parecía funcionar, pero algo fallaba. Pensé que quizás los gatos podrían ser los animales perfectos, son listos, ágiles, se meten por todos los lados y además tienen siete vidas. Por otro lado, nadie se extrañaría de verlos por cualquier sitio, y así nos podrían transmitir imágenes y sonidos de donde quisiéramos, una vez los hubiéramos adiestrado. A este gato le inyectamos una vez la misma mezcla catalizadora que prepara el señor Leno Anasfalis, pero cuando se escapó aún no funcionaba. Por eso tuvimos que coger más gatos, aunque no llegamos a inyectarles nada. Kaleo es el único gato en el que hemos ensayado la fórmula.

-No entiendo por qué ha funcionado en este gato y no en los cobayas- dijo en voz baja Leno, como pensando para si.

-Quizás el error esté en intentar captar la transmisión con máquinas de grabación. Hay muchos más recursos de lo que creemos en nosotros mismos. Sólo necesitamos aprender a escucharnos y tener todos los sentidos abiertos para escuchar a los demás. Además, la comunicación es siempre cosa de dos, hace falta que alguien mande un mensaje y alguien abierto a recibirlo y entenderlo. Gracias a esa fórmula maravillosa Kaleo puede mandar mensajes, pero sólo con la mente hemos sido capaces de captarlos, sin mediación de aparatos, ni de sonido ni de luz-. Derpes hizo una pausa, y continuó-. Sin lugar a dudas, es un gran hallazgo. Pero, como todos los grandes hallazgos, puede usarse para que todos mejoremos o para intereses particulares, a veces oscuros. Xana, Sila, Roa, Jao, ahora, antes de retiraros, sólo me queda daros las gracias por todo lo que habéis hecho. Esta historia, va a pasar a los archivos del colegio. En los próximos días presentaremos a Kaleo a todos los miembros del colegio. Por supuesto tendréis mucho que contar en ese acto. Además este mérito siempre figurará en vuestro expediente.

Los cuatro amigos, con cara de satisfacción, se levantaron, inclinaron levemente la cabeza a modo de despedida, y salieron del despacho del director en compañía de Kaleo.

-Tú también te puedes retirar, Legui. Pero vete a tu habitación, es muy posible que necesitemos volver a llamarte. Ahora no vayas a donde tus compañeros de grupo, ni hables con ellos. ¿Está claro?

El director y los dos profesores se quedaron solos. Tenían mucho de qué hablar, como la dejación de funciones de Leno, la actuación de Legui con sus compañeros y con los animales, el papel de los otros compañeros de su grupo, el castigo que debía recibir cada uno de ellos, así como el reconocimiento de las acciones de Xana, Sila, Roa y Jao, y el increíble resultado de la investigación de Leno.

Tendrían que comunicar lo sucedido a los padres de Legui, pertenecientes a la importante familia de los Dunasteo. No sería agradable hacerles comprender que su hijo no podía seguir bajo ningún concepto en Bontefró, al menos hasta recibir tratamiento en un centro especializado para transformar su comportamiento con personas y animales en un comportamiento humano.

Leno dejaría de ser tutor de Primero C. Había demostrado claramente su incapacidad y falta de voluntad para ello.

Dos días más tarde una gran animación reinaba en la sala circular a pesar de no haber nada para comer ni beber sobre las mesas. Kaleo era el centro de atención, rodeado de Sila, Xana, Roa y Jao. Contarían su historia a los alumnos y profesores de Bontefró, y además finalmente Kaleo establecería comunicación con todos ellos.

Capítulo 15

LA CLAVE

Lo primero que hicieron todos los alumnos de Primero C a la mañana siguiente del ejercicio fue mirar en su libreta si ya habían recibido la calificación. Xana incluso se levantó antes de lo habitual, de hecho se había despertado varias veces a lo largo de la noche por la excitación. Cuando aún faltaban veinte minutos para desayunar, vio que la pantalla de su libreta empezaba a iluminarse y recibir un mensaje:

"Xana Nous. Prueba de Primero C

Ejercicio de reparación y puesta en funcionamiento de la nave.

Conceptos: notable.

Procedimientos: sobresaliente.

Actitud: excelente

Observaciones: ¡Enhorabuena Xana! Con lo que ya has logrado casi se puede asegurar que vas a superar la prueba sin dificultad. Si quieres además alcanzar una calificación de honor, debes descubrir una palabra con la clave 3S15A7P12p93."

Salió toda contenta de su habitación en dirección a la de sus amigos. Era estupendo saber que casi seguro pasaría de curso. Aunque no tenía ni idea de lo que podía significar esa extraña clave, eso no le preocupaba ahora. Quería ver a sus amigos cuanto antes, para saber como habían quedado ellos y contarles lo suyo.

Los cuatro debieron tener la misma idea al mismo tiempo, porque se encontraron en el pasillo. Aún faltaban quince minutos para el desayuno, y los pocos alumnos que iban yendo hacia la sala circular les miraban sonrientes al verlos abrazarse y hablar con tanta alegría y entusiasmo. ¡No era para menos! Los cuatro habían tenido calificaciones similares, y a los cuatro la prueba se les daba por casi superada. También Sila, Jao y Roa habían recibido la indicación de encontrar palabras a través de una clave de números y letras, y no la habían podido descifrar a simple vista.

Legui no acudió esa mañana a la sala circular, seguía recluido en su habitación. Los otros chicos de su grupo, Amos, Noi, Puel y Linda, parecían algo tensos, aunque trataban de disimular su difícil situación mostrándose simpáticos con el resto de sus compañeros, a los que hasta entonces habían tratado como a seres inferiores.

Horas más tarde, Xana y sus amigos fueron a su cabina del laboratorio de Supervivencia. Ya más calmados, volvieron a comentar lo que había sucedido el día anterior. Pronto empezaron a hablar de las claves que habían recibido.

-¿Tenéis alguna idea de su significado?- preguntó Sila, pero ninguno tenía la respuesta.

-Por qué no las escribimos todas, unas debajo de otras, a ver si así se nos ocurre algo- propuso Jao.

-¡Vale! Con un poco de suerte y dándole vueltas a la cabeza, lo sacaremos. Id diciéndome vuestras claves- dijo Roa, y fue apuntando lo que le decían sus amigos:

3S 15A7 P12p93, la clave de Xana

2S 10B8 P7p3, la de Sila

3I 12I14 P131p282, la de Jao

2I 11C4 P1p152, la de Roa

-Sigo sin imaginarme que significan esos números y letras- comentó Sila.

-Quizás sean la matrícula de algún vehículo o de algo. Roa, podrías mirar si en la red de información del colegio aparece algo con estas claves- propuso Xana. Roa tecleó las claves en el buscador, pero de ninguna de ellas había información.

-Mirad. Si sustituyo los números de mi clave por las letras del abecedario en ese número de orden, se leería cilin p131p82. Podría ser el nombre de alguna planta o de algo, ¿no os parece?- comentó Jao. Todos se apresuraron a sustituir los números por letras, de acuerdo al orden que ocupaban en el abecedario.

-Creo que debe ser otra cosa- dijo Xana al poco rato-, porque la mía según eso, sería CSÑAG P12P93. Vaya, que es imposible de pronunciar y nunca podría ser una palabra.

Aquel día no encontraron la solución, pero todavía tenían tiempo de sobra para desentrañar el enigma. No debían precipitarse.

Capítulo 16

LA FAMILIA DUNASTEO

El padre y la madre de Legui Dunasteo llegaron a Bontefró dos días después de que el señor Derpes Dicayo se pusiera en contacto con ellos. La llamada les había sorprendido, pero sobre todo les había enfadado enormemente. Su hijo era un Dunasteo, y nunca un Dunasteo había sido expulsado de ningún colegio del sector galáctico.

Inmediatamente tras su llegada a la plataforma fueron conducidos al despacho del director. Ambos vestían ricos atuendos: él una túnica dorada bordada en negro y un grueso manto negro con un fino ribete bordado en oro. La túnica de la madre de Legui, era de un blanco tan brillante que bien podría haber iluminado todo el recinto, y sus bordados estaban hechos con todos los colores imaginables. Su manto era del mismo blanco que la túnica, y llevaba el pelo recogido en lo alto de la cabeza con adornos también blancos.

Los padres de Legui y el director se saludaron como era la

costumbre en el sector Gía Panta, con una leve inclinación de la cabeza mientras ponían la mano derecha sobre el pecho a la altura del corazón. Tras sentarse, el señor Dunasteo tomó la palabra.

-Espero que se solucione todo este asunto de mi hijo cuanto antes. Comprenderá que tengo asuntos muy importantes en la urbe, que no puedo desatender por pequeñeces.

-Lo que ha sucedido con su hijo no es precisamente una pequeñez, sino un hecho grave. Tan grave que nos obliga a tomar esta desagradable decisión. Por citar sólo algunas de sus faltas, le diré que ha maltratado animales, ha capturado gatos para experimentar con ellos, ha inducido a compañeros suyos a hacer lo mismo, y además que los fines de esa experimentación eran el espionaje al margen de las normas de Gía Panta. Como puede comprender, su hijo necesita un tratamiento conductual en un centro especializado antes de poder continuar sus estudios en Bontefró; eso si finalmente deciden ustedes que continúe en este colegio después del tratamiento.

-¡Oh, no puede ser! Mi hijito nunca haría algo semejante- dijo la madre de Legui haciendo ademán de querer irse, pero permaneciendo sentada al oír que su marido tomaba la palabra de nuevo.

-Las acusaciones que está usted haciendo contra mi hijo son muy graves. Quisiera que me contara los hechos de forma detallada, y también quisiera poder hablar con mi hijo para darle la oportunidad de defenderse de semejantes acusaciones.

-Por supuesto, primero le contaré lo que ha sucedido. Si lo desean, también pueden hablar con su tutor, el señor Leno Anasfalis, y con la profesora de Supervivencia, la señora Seusa Prokino. Luego podrán hablar con Legui.

Acto seguido el señor Derpes Dicayo comenzó a relatarles los hechos con detalle, mientras los padres de Legui lo seguían con atención.

-Me cuesta creer que mi hijo Legui haya actuado así sin una poderosa razón. Debe existir alguna explicación que ustedes no han sabido encontrar. Me encargaré personalmente de que él me lo aclare- dijo el padre, mientras se levantaba e indicaba que también lo hiciera su esposa-. Además, no sé si se han dado cuenta del importante papel que los Dunasteo hemos desempeñado en este colegio desde su fundación hasta este mismo momento. Recordará que yo mismo he sido alumno de Bontefró, y que nunca he dejado de ayudar al mantenimiento de esta institución. Sería una lástima que esta larga colaboración tuviera que terminar.

-No sé si se ha dado cuenta, señor Dunasteo, de que ese tratamiento en un centro especializado es muy importante para su hijo. Nos preocupa que sea una persona bien formada en todos los aspectos, y estará de acuerdo conmigo en que un buen comportamiento con sus semejantes es uno de los más importantes. Por tanto, su conducta tiene que corregirse- continuó Derpes-. Y por supuesto que queremos contar con su familia en este colegio, pero la educación de los chicos es lo principal. Es uno de nuestros principios básicos.

Los padres de Legui abandonaron el despacho del director, mientras éste los seguía desde su asiento con la mirada firme pero serena.

En su habitación Legui recibió a sus padres con cara de circunstancias. Su madre le abrazó, mientras exclamaba entre sollozos:

-¡Mi pequeño! ¿Cómo te pueden hacer una cosa así, a ti, que eres el mejor niño del universo?

-Venga mujer, déjalo que se siente y nos cuente qué ha sucedido en realidad.

Después de que la madre se secara las lágrimas con un pañuelo y todos se sentaran utilizando la cama y las dos sillas que había en la estancia, Legui empezó a contar:

-Todo es porque me tienen envidia, mis compañeros y hasta los mismos profesores. Ya sabes que desde el principio del curso era el delegado de la clase, y que ayudaba a Leno Anasfalis en sus experimentos. Pero él no conseguía nada a pesar de dedicarle más horas que un tonto, y sin embargo yo he sido capaz de hacer que un estúpido gato pueda comunicarse. Unos compañeros que proceden de los poblados más insignificantes, Xana, Sila, Jao y Roa, lo descubrieron y ahora quieren atribuirse el mérito, ¡los muy sinvergüenzas!

-Dicen que los capturaste sin permiso y que los querías dejar morir, ¿es eso cierto?- preguntó el señor Dunasteo.

-No tuve más remedio que capturarlos sin permiso, porque no lo hubiera comprendido nadie en un colegio tan retrógrado como éste. No me hubieran dejado. Lo de dejarles morir en el asteroide Gorgona les estaba bien merecido. Además no entiendo a qué viene tanta preocupación por unos simples gatos que normalmente no sirven para nada, y que gracias a mí, a partir de ahora, van a tener alguna utilidad.

-Tienes toda la razón, hijo mío, pero mientras estés aquí no tendrás más remedio que seguir las normas. Es el precio que hay que pagar por tener un título académico que te respalde y te dé cierto prestigio luego en nuestra sociedad, cuando tengas que tomar las riendas de los asuntos de nuestra familia en la urbe- continuó su padre-. Intentaré negociar con el director para que acabes este curso en el colegio a cambio de algunas aportaciones sustanciosas, pero me da la impresión de que no va a ser fácil. Si no consigo convencerle, tocaremos otros hilos. Conozco al director de un centro especializado en conducta cerca de nuestra casa. Si vas allí, todos los días podrías venir a casa cuando acabe la jornada. Además, seguro que en un par de meses te hace un informe favorable, y podrás volver a Bontefró.

Efectivamente, el señor Derpes Dicayo no aceptó el trato que le propuso el padre de Legui. Así, a la mañana siguiente, una nave transportó a Legui de regreso a la urbe acompañado de sus padres. Con tristeza veía alejarse la plataforma en el espacio, aquella gran pompa de jabón suspendida en el aire, en la que también quedaban suspendidos buena parte de sus sueños.

Capítulo 17

EL INTERIOR

Como cada noche Xana llamó a Mael para hablar con él y, como cada noche él se hizo presente a su lado, junto a su cama. Entonces le contó cómo todo el grupo había estado intentando descifrar aquellas extrañas claves sin haberlo conseguido.

"Empieza por el principio, " fue el único consejo que recibió de Mael.

No tardó en quedarse dormida. Un sueño le despertó por la mañana, un sueño en el que jugaban los números y las letras sin cesar.

"¡Pues claro! Tiene que ser eso", pensó. "Son tres las entradas a los pasadizos que comunican la parte superior con la parte inferior de la plataforma, y también hay entradas inferiores. Y todas nuestras claves empiezan por el 2 o el 3, seguidos de S o I. Así 2S debe significar que hay que entrar por el acceso 2 de la parte superior de la plataforma, y 3I, por el acceso 3 de la parte inferior."

Parecía que no iba a llegar nunca el momento de poder hablar con sus amigos. Nada más pasar por la "sala de higiene" y colocarse a toda prisa el uniforme amarillo, corrió hacia la habitación de Sila.

-¿Ya estás despierta, Sila? Ábreme la puerta, por favor, quiero contarte algo.

-¿Pero se puede saber qué te pasa?- contestó Sila sonriente y a medio vestir, mientras abría.

-¡Ya lo tengo! Ya tengo por dónde debemos empezar a buscar la solución a nuestras claves.

Y entonces Xana le contó a su amiga lo que se le había ocurrido.

-Puede que sea así- respondió Sila después de escuchar con atención el razonamiento-. Es cierto, hay tres entradas en la parte superior de la plataforma, pero creo que sólo hay dos en la parte inferior. No estoy segura. Deberíamos averiguarlo. Se lo podemos comentar a Roa y a Jao, y cuando acaben hoy las clases ir todos juntos a esos pasadizos interiores por las entradas que nos señalan las claves, según tu teoría. ¿Qué te parece?

-¿No te da un poco de miedo? Nadie cuenta nunca nada de esos pasadizos, parecen olvidados por todos. Y lo único que vimos en una de esas entradas aquella vez que fuimos con Kaleo, fue el más absoluto silencio y oscuridad.

-Los gatos ven bien en la oscuridad. Deberíamos llevar con nosotros a Kaleo, seguro que si se lo pedimos estará encantado, y así nos puede transmitir las imágenes- propuso Sila.

-Es una buena idea. Además, como buen gato, también tendrá un oído finísimo. De todas formas yo tengo una pequeña linterna y la puedo llevar, algo hará- prosiguió Xana, y las dos chicas abandonaron la habitación para ir en busca de sus dos amigos.

Jao y Roa se dirigían ya a la sala circular para el desayuno cuando se encontraron. La idea les pareció interesante. Además, no se les había ocurrido ninguna otra, así que no perdían nada por empezar averiguando en esa dirección.

Por la tarde, a la salida de la última clase, se reunieron y decidieron ir hacia la entrada más próxima adonde se encontraban, situada en la parte superior de la plataforma. Antes fueron en busca de Kaleo, que ahora ocupaba un confortable habitáculo próximo a la zona de la cocina. Así, el grupo de amigos, con Kaleo a la cabeza, inició la búsqueda.

La entrada al pasadizo tenía la forma de un pequeño montículo de piedra, poco más de dos metros de alto por tres de base, con una apertura en uno de los lados. Estaba hueco por dentro y unas escalinatas en forma de caracol descendían hacía el interior. No había iluminación alguna, ni ningún elemento que indicara que pudiera haberla. En la parte interior, sobre el techo, podía leerse un gran "3".

Xana encendió su pequeña linterna, que apenas iluminaba débilmente la proximidad de donde se encontraban. Sin embargo, esta tenue iluminación, aprovechada por la enorme capacidad de visión de Kaleo y transmitida mentalmente, hacía que los chicos pudieran ir viendo por donde se movían.

La escalera era estrecha. Todo lo más cabrían dos personas a la vez en el mismo peldaño. El gato descendía en primer lugar, seguido de Roa, que llevaba la linterna, Sila, Xana y Jao. Cada cinco metros de descenso aparecía un pequeño rellano circular, que aprovechaban para descansar y ver que todo seguía bien. Casi no se atrevían a hablar, y sólo en estos descansos cruzaban alguna palabra. Conforme avanzaban, el esfuerzo que tenían que hacer era menor, probablemente debido a que el centro de gravedad estaba más próximo y ejercía una cierta atracción sobre ellos.

Cuando ya estaban a unos 50 metros por debajo del nivel de la superficie, llegaron a un rellano de mayor tamaño que todos los anteriores, también con forma circular. Sila estaba cansada y se apoyó en la pared de piedra, sin darse cuenta de que, precisamente en el lugar donde lo hacía, había una pequeña hendidura. De repente, una puerta se abrió a sus espaldas, haciéndola caer al suelo. Una intensa luz iluminó entonces la apertura que acababa de aparecer.

Habían permanecido el suficiente tiempo en la oscuridad, para quedar completamente deslumbrados por aquella luz. Transcurridos unos pocos segundos, cuando aún no eran capaces de ver con claridad lo que había ante ellos, un anciano vestido con una larga túnica negra hizo su aparición. Era alto, enjuto, de ojos brillantes y barba larga y blanca. Agitaba los brazos a lo alto mientras, con voz grave, decía algo ininteligible. Un sentimiento de miedo tan fuerte se apoderó de todos los chicos y del gato, que subieron la escalinata a la velocidad del rayo hasta llegar a la superficie.

Ya fuera estuvieron un buen rato dándole vueltas a lo que había ocurrido. Después de todo, no había suficiente motivo para haberse asustado tanto. Era cierto que no esperaban encontrar a nadie de improviso, y menos aún que una intensa luz delatara su entrada en aquel recinto oculto en el interior de la plataforma. Pero, aunque ese anciano tuviera una actitud amenazadora hacia ellos, no parecía en absoluto peligroso. Probablemente el misterio que envolvía esos pasadizos internos, la oscuridad y la sorpresa habían jugado su papel.

De todos modos, antes de volver a aventurarse en un nuevo descenso hacia el interior, decidieron preguntar a la mañana siguiente a la señora Seusa Prokino, que ahora era también su tutora. Así lo hicieron. Estaban los cuatro con ella a solas en una sala de profesores, cuando le contaron lo ocurrido el día anterior.

-¡Ja, ja, ja!- se rió sonoramente la profesora cuando acabaron de relatarlo-. ¡El viejo Mestor sigue asustando a los pequeños!

-¿El viejo Mestor? Entonces, ¿sabe quién es?- preguntó Sila.

-Bueno, todo tiene una explicación- continuó diciendo Seusa-. No os voy a desvelar la solución a vuestras claves, pero sí quiero que entendáis lo que habéis visto. Es cierto que esos pasadizos comunican la parte superior con la parte inferior de la plataforma, aunque no suelen usarse. Eso lo sabéis todos en Bontefró. Lo que no conoce casi nadie es que también comunican con el lugar donde se guarda lo más valioso de la plataforma, y posiblemente también lo más valioso de todo el Sector Gía Panta. Ahora tenéis vosotros también la oportunidad de descubrirlo. Mestor es un viejo cascarrabias que intenta espantar a quienes allí se acercan, pero en el fondo es un bendito que ama profundamente lo que custodia.

-¿Eso quiere decir que si volvemos nos enseñará lo que hay ahí dentro?- quiso saber Xana.

-Como os he dicho, Mestor ama realmente lo que custodia, y por tanto procurará por todos los medios que no se acerque nadie que pueda dañarlo, pero también desea que haya cada vez más personas interesadas en ello. Posiblemente si le enseñáis vuestras claves, os resultará más fácil convencerle.

-¡Estupendo! Entonces hoy mismo por la tarde volveremos con Kaleo a descender al corazón de la plataforma- dijo Sila contenta, cuando todos empezaban ya a levantarse para abandonar la sala.

-Podéis llevar a Kaleo con vosotros si queréis, pero los pasadizos tienen iluminación propia. Para ponerla en funcionamiento basta con presionar sobre el número que hay en el techo a la entrada del túnel. A la vez que se ilumina la escalera, se transmite una señal al interior, que recibe su guardián, Mestor. Si lo hacéis así, veréis como os está esperando al llegar.

Capítulo 18

LO MEJOR GUARDADO

Los cuatro amigos no querían volver al interior de la plataforma hasta no rastrear todas las entradas a los pasadizos, especialmente aquellas que sus claves parecían indicar: 3S, 2S, 3I y 2I. Todas ellas tenían la forma de un pequeño montículo de piedra, abierto por uno de sus lados, y en su interior un número grabado en el techo.

Había tres entradas en la parte superior de la plataforma: una junto al *cosmopuerto*, otra junto al edificio donde se daban las clases, y la otra cerca de los dormitorios de profesores.

En la parte inferior de la plataforma sólo encontraron dos entradas. La que tenía el número "3" en el techo estaba próxima al terrario dedicado al cultivo de verduras y hortalizas. La otra, con el número "2" estaba algo oculta entre los frondosos árboles que formaban un pequeño bosque, el único en toda la plataforma. No encontraron la entrada con el número "1". Posiblemente estaría donde se levantaba el edificio silencioso en el que residían los invitados a Bontefró, y al que no podían acceder los alumnos. A veces se veía pasear pensativos por el bosque a estos invitados, y no era inusual que alguno de ellos pasara incluso meses allí dedicado al estudio. Solía reinar una gran tranquilidad en esta parte inferior de la plataforma, porque los alumnos del colegio sólo estaban allí durante algunas horas del día, cuando aprendían el cuidado de las plantas y de la tierra.

Esta vez Xana y Roa entraron en el interior de la plataforma por el pasadizo 3S, mientras que Sila y Jao lo hicieron por el 3I. Esperaban encontrarse en el centro, y así comprobar que ambos lados de la plataforma se comunicaban.

Roa tuvo que levantar a Xana en brazos para poder alcanzar el número que había en el techo de la entrada. Y tal como les había dicho la señora Seusa Prokino, los peldaños de la escalera de caracol se iluminaron. Todo estaba en silencio y el único sonido que podía escucharse era el de sus propios pasos. El descenso se les antojó más fácil y corto de lo que recordaban. No tardaron en recorrer los 50 metros que les separaba de la superficie. Cuando llegaron al rellano central, sus amigos hacía ya un par de minutos que estaban esperándolos. Allí seguía la hendidura en la pared: larga, de unos 2 metros de alto, con forma de arco, y tan fina que fácilmente pasaba desapercibida. Comenzaron a empujarla con la intención de abrirla.

No fue necesaria demasiada fuerza para que la pared cediera suavemente, dejando ver una gran nave abovedada. Lo verdaderamente especial de aquella nave eran sus paredes, forradas de estanterías con un sinfín de objetos desconocidos para ellos, de distintos tamaños y colores, que recordaban a algo que en la clase de historia habían llamado "libros".

Mestor parecía estar esperándoles. Su aspecto, unido a la tenue iluminación de la sala, creaba una sensación de irrealidad.

-¡Vaya, vosotros otra vez! ¿Qué hacéis aquí? ¿Acaso tenéis permiso para entrar en este lugar?- les dijo con cara de disgusto.

-Venimos buscando algo- se atrevió a decir Roa-. Nos enviaron unas claves que nos han conducido hasta este lugar.

-¿Unas claves? A ver, enseñádmelas.

Los cuatro amigos, casi a la vez, sacaron del bolsillo de su cinturón un pequeño cilindro, que al desplegarse se iluminaba y adquiría la forma de una pequeña pantalla. Después de escribir algo presionando con los dedos sobre su superficie, apareció el mensaje con la clave de cada uno de ellos.

Mestor examinó con detenimiento y en silencio las cuatro pantallas, una tras otra. Poco a poco su rostro pareció transformarse, desde el de un viejo eternamente malhumorado, al de un abuelo cariñoso que quisiera enseñar a los pequeños todo lo que de verdad merece la pena conocer en este mundo.

-Entonces vosotros debéis ser los chicos que descubrieron y ayudaron al gato que puede comunicarse con los humanos.

-Sí, a Kaleo. Hoy no ha venido con nosotros, pero lo podemos traer otro día si lo quiere conocer. A él no le importará volver a bajar- intervino Xana.

-Me gustará conocerlo. Y vosotros, ¿cómo os llamáis?- preguntó Mestor.

Los cuatro se presentaron. Luego Mestor volvió a pedirles que le enseñaran las claves.

-¿Sabéis donde os encontráis?- preguntó.

-En el interior de la plataforma- contestó Sila.

-Eso es obvio- continuó Mestor-. Estáis en uno de los lugares más importantes de Gía Panta, el lugar donde se custodia el saber de nuestros antepasados. Todas esas estanterías están llenas de los libros que nos han legado. Son un auténtico tesoro. Durante cientos, miles de años, la humanidad dejó escrito sus conocimientos, sus descubrimientos, su historia, en estos objetos que se llamaban libros. Son muy delicados, fáciles de destruir, y por ello necesitan de un sitio seguro y que las personas que los utilicen los sepan apreciar.

-Pero con nuestros equipos electrónicos también podemos acceder a textos de autores antiguos, y no necesitan tanto cuidado- intervino Roa.

-Sí, es cierto. Pero lo que vosotros recibís son transcripciones. Lo que veis aquí son las obras originales, y con frecuencia las transcripciones son sólo un resumen o una interpretación de esa obra auténtica. Además, muchos de estos libros que veis, no han sido transcritos a soporte electrónico. Ahora os enseñaré como podéis seguir buscando vuestras palabras clave. Acompañadme.

La sala describía una suave curva. Tenía la forma de un gran anillo hueco colocado alrededor del centro de gravedad de la plataforma, con tres puertas de acceso que conducían al exterior a través de los tres pasadizos. Había pocas personas en el interior: profesores del colegio, estudiantes de cursos superiores y estudiosos que se hospedaban en el edificio de los visitantes.

-Xana, Jao, vuestras claves corresponden a la sección 3, concretamente a los estantes 12 y 15. Ahí los tenéis, buscad lo que se os indica. No es difícil. Yo mientras tanto acompañaré a Sila y Roa a la sección que les corresponde, que es la 2. Recordad cuando cojáis el libro, que tenéis un tesoro entre las manos- fue lo último que dijo Mestor antes de alejarse.

Xana se dirigió al estante que le había señalado, el 12. Los libros iban marcados en el lomo. Cogió el que tenía la señal "A7". Se titulaba "El banquete", y su autor era un tal Platón, al parecer un filósofo de la antigua Grecia en el antiguo planeta Tierra. Era curioso el tacto de aquello, y muy agradable la sensación de pasar con las manos las páginas de papel. Buscó la página 12, y leyó:

...Por el contrario; Hesiodo afirma que en primer lugar existió el caos.

"...y luego la Tierra de amplio seno, sede siempre firme de todas las cosas y el amor..."

Y con Hesiodo coincide también Acusilao, en que después del Caos se produjeron estos dos seres: la Tierra y el Amor..."

Xana empezó a contar las palabras de la página, la que hacía el número 93 era la palabra "Tierra". Ese debía ser el nombre de su clave. Toda contenta, con el libro en la mano, corrió a donde estaba Jao, que sostenía también un libro entre las manos.

-Tierra, mi palabra se llama Tierra. ¿Ya sabes cómo se llama la tuya?

-Todavía no. Este debe ser el libro: Ética a Nicomaco, de Aristóteles- respondió Jao.

-Vaya, creo que también era un filósofo griego del planeta Tierra. Abre por la página 131, que pone en tu clave- sugirió Xana.

Correspondía al capítulo VIII, que trababa sobre la amistad, de la que se leía "*...es lo más necesario para la vida. Sin amigos nadie querría vivir, aún cuando poseyera todos los demás bienes...*". La palabra 282 de la página 131 estaba dentro de la frase "*...Parece, como hemos dicho al principio, que la amistad y la justicia se refieren a las mismas cosas y se dan en las mismas personas...*" . "Principio" era la palabra de Jao.

No tardaron en regresar Roa y Sila. También ellos habían encontrado lo que buscaban: "creó" y "cielo" eran las dos palabras necesarias.

Antes de irse, Mestor les pidió que no revelaran el secreto de la biblioteca a nadie. Sólo los que demostraban merecerlo podían acceder a ella.

Los cuatro amigos habían conseguido la solución a la clave que completaba su prueba. Pero sobre todo, ahora conocían lo que realmente se encerraba en el corazón de Bontefró, y sentían que se les había abierto la puerta a otra dimensión.

Capítulo 19

EL PRINCIPIO

Era el 30 de marzo. El día en que los alumnos de Primero C viajarían a la plataforma vecina situada a 7 minutos luz con el vehículo que cada uno de ellos hubiera reparado.

Primero irían todos juntos en una nave con capacidad para 30 personas hasta el asteroide Gorgona. Allí habían colocado las 23 naves de paseo que tendrían que reparar, una menos que en el ejercicio hecho en el *cosmopuerto*, pues Legui ya no estaba con ellos. En esta prueba final también debían tener en cuenta la falta de atmósfera en el asteroide. En algunos casos bastaría con el aire que quedaba en su nave averiada, pero en otros deberían ser capaces de generarlo.

Estaban algo nerviosos y a la vez contentos de que hubiera llegado ese momento. En cierta medida, por el resultado de los ejercicios anteriores, cada uno sabía si le sería fácil o no superar con éxito la prueba.

Desde la partida de Legui, en su grupo había discusiones con frecuencia. Noi había intentado hacerse con el liderazgo del equipo, pero ni Amós ni Puel lo aceptaban. A Linda la consideraban una carga que no tenían más remedio que aguantar, una pesada herencia. No ocultaban su malestar por no tener más remedio que ayudarle, pues si ella fracasaba a ellos tampoco se les daría por superada la prueba.

En esta ocasión, además de Leno Anasfalis y de la señora Seusa Prokino, estaba presente el director. Todos ellos iban también enfundados en sendos trajes espaciales, para poder desenvolverse por el asteroide sin problemas.

A Xana, Sila, Jao y Roa no les resultó difícil la reparación de sus naves, de hecho fue más sencillo que la vez anterior, gracias a la experiencia adquirida. Por otro lado, Xana tenía solucionado el problema de la falta de atmósfera en el asteroide, pues precisamente utilizaba las semillas de CLL717 para solucionar la avería de generación de oxígeno en su nave. El oxígeno que quedaba en las naves de Sila y Jao les permitía justo el tiempo suficiente para terminar su trabajo. A Roa, que era el que más tiempo precisaba, le fue muy útil la experiencia con los gatos en ese mismo asteroide. Nada más empezar, desplegó una enorme campana junto a su nave, puso unos granos de cereal CLL717 con un poco de agua en el suelo, y casi inmediatamente surgieron las plantas con sus membranas de color verde y sus frutos redondos y sonrosados.

La salida desde Gorgona a la plataforma vecina de destino la harían todos al mismo tiempo. Poco a poco, los alumnos fueron acabando sus trabajos. Sólo dos tuvieron problemas, pues no tenían la suficiente autonomía para poder completarlos, pero los profesores consintieron en concederles un tiempo extra para lograrlo, y la prueba también se les dio por superada.

Antes de partir, el señor Derpes Dicayo se dirigió a los chicos, que estaban eufóricos:

-Quiero felicitaros a todos. Habéis trabajado mucho y bien durante este curso. Hoy lo hemos podido comprobar aquí. Va a ser un honor para mi ir con vosotros hasta la plataforma vecina, donde nos esperan vuestros familiares con una bienvenida.

-No es frecuente que todos los alumnos de un curso superen la prueba. El año que viene la tendremos que poner más difícil-comentó sonriente la señora Seusa Prokino.

-Antes de salir todos con las naves, falta conceder la calificación de honor a algunos alumnos que han destacado por su comportamiento y rendimiento. Jao, Roa, Sila y Xana, por favor acercaos. Creo que teníais que completar una frase. Cada uno de vosotros debía traer su palabra- continuó el director.

Entonces, al accionar Leno Anasfalis unos mandos en el interior de la nave grande, una gran pantalla de un humo blanco apareció encima de ella, y un haz de luz roja parecía estar inquieto por comenzar a escribir algo.

-Jao, por favor, empieza tú. ¿Sabes cual es tu palabra?- solicitó la profesora.

-Sí, la palabra es *principio* - contestó Jao con seguridad.

Nada más acabar de pronunciarla, el haz de luz comenzó a escribir en la pantalla gaseosa: "Al principio", con la admiración de todos los alumnos .

-Muy bien, Jao, parece que esa era realmente tu palabra. La frase empieza a escribirse. Por favor, Roa, dinos ahora la tuya, si la tienes- pidió de nuevo la tutora.

-Es la palabra *creó*- dijo satisfecho Roa con una leve sonrisa.

De nuevo, el haz luminoso continuó su escritura en lo alto: "*Al principio creó"*, y se detuvo. Todos estaban impacientes por verlo continuar.

-Muy bien. Ahora es tu turno, Sila.

-Mi palabra es estupenda, nada más ni nada menos que *cielo*-Sila estaba feliz.

La frase que iba escribiendo el haz de luz roja ya se dejaba adivinar con facilidad: *"Al principio creó Dios el cielo y la"*.

-Bueno, sólo faltas tú, Xana. Creo que ahora realmente lo tienes muy fácil, inclusive puede ser que muchos de tus compañeros sean capaces de decirla contigo a coro. Lo intentamos, ¿qué te parece?- propuso la tutora.

Xana hizo un gesto de afirmación con la cabeza, y la señora Seusa Prokino a modo de directora de un coro, con las manos en alto empezó a leer:

-Al principio creó Dios el cielo y la... - hizo un pequeño descanso y dio la señal con la mano derecha de que todos dijeran la siguiente palabra.

Todas las voces unidas, con fuerte potencia, pronunciaron casi a la vez: *"Tierra"*. Y el haz de luz roja completó la frase *"Al principio creó Dios el cielo y la Tierra"*. Toda la pantalla cobró entonces una luz casi cegadora durante unos segundos. Luego las letras fueron disolviéndose poco a poco, al igual que el gas blanco que conformara la pantalla.

Momentos más tarde, un grupo de veintitrés naves de paseo y una nave grande surcaban el espacio dejando atrás la imagen de una gran pompa de jabón suspendida en el aire.